陕西师范大学中国语言文学“世界一流学科建设”成果

实践存在论美学片论

DISCUSSION ON PRACTICAL ONTOLOGICAL AESTHETICS

刘 凯 著

中国社会科学出版社

图书在版编目（CIP）数据

实践存在论美学片论／刘凯著．—北京：中国社会科学出版社，2020.9

ISBN 978－7－5203－7397－5

Ⅰ.①实…　Ⅱ.①刘…　Ⅲ.①美学—研究　Ⅳ.①B83

中国版本图书馆 CIP 数据核字（2020）第 197299 号

出 版 人　赵剑英
责任编辑　张　潜
责任校对　王丽媛
责任印制　王　超

出　　版　中国社会科学出版社
社　　址　北京鼓楼西大街甲 158 号
邮　　编　100720
网　　址　http://www.csspw.cn
发 行 部　010－84083685
门 市 部　010－84029450
经　　销　新华书店及其他书店

印　　刷　北京明恒达印务有限公司
装　　订　廊坊市广阳区广增装订厂
版　　次　2020 年 9 月第 1 版
印　　次　2020 年 9 月第 1 次印刷

开　　本　710×1000　1/16
印　　张　13
字　　数　191 千字
定　　价　76.00 元

总　序

陕西师范大学中国语言文学学科至今已经走过了 70 多年的发展历程。数代学人培桃育李、滋兰树蕙，在学科建设、人才培养、科学研究以及社会服务等方面取得了令人瞩目的成就，涌现出了一批蜚声海内外的硕学鸿儒，形成了“守正创新、严谨求实、尊重个性、兼容并包”的学术传统和“重基础训练、重理论素质、重学术规范、重人文教养、重社会实践、重能力提高”的人才培养特色，铸就了“扬葩振藻、绣虎雕龙”的学院精神。数十年来，全体师生筚路蓝缕、弦歌不辍，获得中国语言文学一级学科博士授予权，中国语言文学一级学科博士后科研流动站，中国古代文学学科也跻身于国家重点学科；建成“国家文科（中文）基础学科人才培养和科学研究基地”，教育部、国家外国专家局“长安与丝路文化传播学科创新引智基地”，教育部“2019 年全国普通高校中华优秀传统文化传承基地”“陕西师范大学语言资源开发研究中心”“陕西文化资源开发协同创新中心”等多个省部级科学研究平台；汉语言文学专业为教育部特色建设专业、陕西省名牌专业、入选陕西省“一流专业”建设项目，秘书学专业和汉语国际教育专业也入选陕西省“一流专业”培育项目；形成了从本科、硕士、博士到博士后完整的人才培养和科学研究体系，中国语言文学学科走上了稳健、持续发展的道路。

2017 年，中国语言文学学科被教育部列入“世界一流学科”建设学科，迎来了难得的发展机遇。中国语言文学学科全体师生深知“一流学科”建设不仅决定着我校中国语言文学学科能否在新时代开创新局面、取得新成就、达到新高度，更关乎陕西师范大学的整体发展。在学校的正确领导下，各有关部门同心协力，兄弟院校及合作机构鼎力支持，文学院同仁更是呕心沥血、发愤图强，学科建设取得了显著成效。为了及时汇总建设成果，展示学术力量，扩大学术影响，更为了请益于大方之家，与学界同仁加强交流，实现自我提高，我们汇集本学科师生的学术著作（译作）、教材等，策划出版"陕西师范大学中国语言文学世界一流学科建设成果"丛书和"长安与丝路文化研究"丛书，从不同的方面体现我们的研究特色。

丛书的出版得到了陕西师范大学学科建设处、社会科学处以及有关出版机构的大力支持，在此一并致谢！

作为陆路丝绸之路的起点与丝路文化中心城市高校，我们既承载着历史文化的传统与重托，又承担着新时代的使命与责任。作为新时代的中国语言文学学科，既古老又年轻，既传统又现代，包容广博，涵盖古今中外的语言与文学之学。即使是传统的学术学科，也是一个当下命题，始终要融入时代的内涵。用一种人人参与、人人分享的形式，借助于具体可感的学术载体，传播中华优秀传统文化，发扬中华优秀传统文化，彰显中华现代文明，这是新时代人文社会科学工作者的重要使命。"士不可以不弘毅，任重而道远。""一流学科"建设永远在路上，中华优秀文化的发扬光大永远在路上。我们将不忘初心，不辱使命，努力前行！

陕西师范大学文学院院长　张新科

2019 年 10 月 30 日

序　　言

刘凯的新书《实践存在论美学片论》即将出版，央我写一篇序言，作为他的博士生导师，我义不容辞。从书稿看得出来，他对我提出的实践存在论美学还是经过深入思考的。书中涉及实践存在论美学产生的历史语境、理论基础、理解实践存在论美学的基本路径以及实践存在论美学视野中的中西美学等诸多问题，有的我自己也未必清楚地意识到。其间不乏理论上的新发挥和闪光点，我衷心地为他高兴。

追溯起来，实践存在论美学的提法最初大概产生于20世纪80年代后期，在我写的《关于现实主义问题的哲学反思》一文中就直接使用了“实践存在论”这一提法，当然那时的想法还很肤浅。这一美学思想的酝酿和形成，则来自于我对实践美学的反思。进入21世纪以来，学界关于实践美学与后实践美学的争论促使我认真而深入地反思实践美学，逐步认识到实践美学并没有过时，仍然有生命力，但存在严重缺陷，最主要的问题表现在两个方面：第一，没有完全超越西方近代以来主客二分的认识论思维框架；第二，对实践的看法失之狭隘，无法真正成为美学的理论根基。我认为，中国当代美学，首先是实践美学，要真正有所推进，就需要在这两个方面获得突破与进展，而实践存在论美学也许提供了一条可能的思路。

我提出实践存在论美学最早是受到海德格尔存在论思想的启发。海德格尔的基础存在论要跳出笛卡尔以来的主客二分的认识论，返回到人与世界最本原的存在，即人和世界是不可分割的一体，人就在世界中存在。这就为超越主客二分的认识论思维模式提供了存在论基础。但是，他的存在论是从生成论角度展开的，并没有涉及人的实践，不能令人满意。在对马克思的思想进行研究的过程中，我发现马克思实际上远早于海德格尔用实践范畴来揭示此在（人）在世的基本在世方式，即，人不是作为一种现成的东西摆放在世界上，世界也不是作为一个现成的场所让人随意摆放，相反，人是从事实际活动的实践着的人，人在世界中存在，就意味着人在世界中实践；实践是人的基本存在方式；实践与存在都是对人生在世的本体论（存在论）陈述。这一点完全可以为中国当代美学的发展奠定哲学基础。因此，虽然海德格尔给过我重要启示，但真正为实践存在论美学提供直接理论依据的，则是马克思。我正是以马克思关于实践与存在一体的思想为哲学基础，尝试摆脱主客二分的认识论思维模式来重新思考美学的基本问题，并初步形成了实践存在论的美学观念。不过，我现在仍然认为，实践存在论美学远没有完善，还是“在路上”。

实践存在论美学提出后，在学界引起了热烈的讨论。近年来，通过进一步研读马克思的相关文献，尤其是《1844 年经济学—哲学手稿》，我对实践存在论美学也有了进一步的想法。正好也可以借这个机会，谈谈自己在这方面的一些新的收获和体会。概括起来，主要体现在两个方面：

首先，实践存在论美学立足于马克思存在论思想的基础之上。关于马克思的存在论思想，学界一直存在一些争议。但经过认真研究，我认为马克思思想中的确包含着存在论思想，也完全可以为当代美学奠定理论基础。我在多篇文章里直接引证了马克思《1844 年经济学—哲学手稿》中的相关论述，以无可辩驳的白纸黑字证明了：马克思不但有自己的存在论思想，而且是以实践观为核心的、与实践观结合为一体的存在论，开辟了现代西方存在论思想的新思路。应当说，这一判断是有坚实的文献基础的，也是无法被轻易否定的。

尤其是在《手稿》［货币］一节开篇，马克思集中而明确地提出现代存在论思想[1]，它清楚地说明，其一，马克思确有自己的比较完整、系统的存在论思想，这一点是客观存在的，任何人都不能也无法轻易否定的；其二，马克思的存在论思想完全不同于基于实体思维的西方传统本体论学说，它是在人与对象世界（自然界）的关系中展开，这一点开启了现代存在论的新思路；其三，马克思的存在论思想也不同于现代西方其他存在论学说，它是与人的实践活动紧密结合在一起的，这正是马克思存在论思想最独特和高于其他存在论学说之处，包括高于海德格尔“此在在世”生存论的现象学存在论。

其次，我之前提出，实践存在论美学在美学研究对象问题上，超越主客二分的思维模式，以人与世界的审美关系及其现实展开即审美活动为研究对象。与此紧密相关，实践存在论美学的一个基本主张就是用生成论取代现成论，即认为，没有一个客观固定的美先在地存在，美只能在具体现实的审美关系和活动中动态地生成。同样，审美主体也是在审美关系中动态生成的。我现在仍然坚持这一基本看法。不过从更为系统地角度来看，我们的美学观点最核心的就是审美关系（活动）论和审美主客体（历史和现实）的生成论，其哲学基础就是实践唯物主义视域（即马克思以实践观为核心的现代存在论视域）下的关系论和生成论，或者，可以命名为“关系生成论”。

根据关系生成论，在美学研究对象问题上，实践存在论美学的一个基本观点是：美学研究的对象就是人与世界（自然界、现实）的审美关系及其现实展开——审美活动。而审美关系说的理论前提是，只有人才有审美关系，即审美关系只适用于人（人类）。马克思明确指出，“凡是有某种关系存在的地方，这种关系都是为我（按：指‘人’）而存在的；动物不对什么东西发生‘关系’，而且根本没有‘关系’；对

① 笔者在《试论马克思现代存在论思想的提出及其理论意义（上）——重读〈巴黎手稿〉札记之四》［《复旦学报》（社会科学版）2020 年第 4 期］一文中，联系《手稿》和马克思其他相关论述，对这段话做了逐句的尝试性解读，证明这段话确实是“真正本体论的”（即存在论的）表述。

于动物来说，它对他物的关系不是作为关系存在的”①。在此意义上我们可以说，人是“关系”的动物，人高于其他动物的最重要标志之一，是人与世界发生了动物所没有的“关系”。这明显是从实践论与存在论的有机结合上令人信服地论证了他的“关系生成论”，即整个世界历史的基础就是人与自然界在工业（劳动实践）中的双向生成。毫无疑问，作为人与世界的基本关系之一的审美关系也只有人才有。这构成了审美关系和审美活动历史生成的理论前提。

根据关系生成论，审美主客体在实践中是通过感觉双向生成的。在人与自然界、主体与客体通过实践的双向生成中，人的感官、感觉是一个关键的连接点。这方面，马克思在《手稿》中着重论述了人的感官、感觉（包括审美感觉在内），是在人的对象化活动即实践活动中历史地生成的这一具有重大意义的观点。

具体来说，人与世界的审美关系生成需要主客体双方的条件。对象方面，如果不具备潜在的审美素质并有可能转化为现实的审美对象的话，它就不可能激起主体感官相应的审美情感、感觉；主体能力方面，某种艺术或者具备某种特定审美特质的对象只能与与之相应的特定感官、感觉才能发生审美关系，激起审美情感、感觉，而不可能与不相应的其他特殊的感官形成审美关系。因为人的本质力量（这里主要是感性、感觉）是丰富多样的，每一种都有其特定的相应的感觉对象和范围，正如马克思所说，“任何一个对象对我的意义（它只是对那个与它相应的感觉来说才有意义）恰好都以我的感觉所及的程度为限”②，超出其限度，就无法与对象形成审美关系。因此，正是经由感觉的连接，审美主体与审美客体才在审美关系中双向生成，而这只有在人的实践活动的基础上才得以可能。

另外，从关系生成论出发，在美的本质问题上，我们认为，美学探讨、研究美和美的本质问题，是理所当然的，也是有价值、有意义的。

---

① 《马克思恩格斯选集》（第一卷），人民出版社 1995 年版，第 81 页。

② ［德］马克思：《1844 年经济学—哲学手稿》，人民出版社 2000 年版，第 82 页。

但是，我们不同意存在一个单一、固定、普遍的美的本质的看法，因而不同意为美下一个放之四海而皆准的永恒不变的定义，美学史已经充分证明这是不可能的；进而认为美学的研究对象，不应该只是美和美的本质，不应该重点探寻美的单一（唯一）、固定不变的本质，试图为它下一个普遍、不变的定义，而应该是人与世界的审美关系及其现实展开即审美活动。当然，这并不意味着美的本质问题不能够探讨，而是主张持合理的反本质主义态度，也就是"关系生成论"的态度，在关系生成中动态地思考和探讨美的本质问题。在这方面，马克思已经给予我们方法论上的重要启示，即第一，对于包括人的本质、美的本质在内的任何事物的本质，是可以而且应该探讨的，这不等于本质主义，《手稿》中"本质"范畴大量出现，频率极高，就是明证。相反，那种认为本质问题不能探讨、无法探讨，应该彻底"取消"或者根本"悬置"的观点是不对的，是反本质主义过"度"、极端而走向虚无主义的表现。第二，《手稿》虽然大量论及本质问题，却基本上不采用下定义式的、把定义对象的本质一般化、普遍化、恒定化的方式，而是采取了辩证的"关系生成论"的阐述策略，马克思对于人的本质的论述就是经典例证。笔者认为，这正是合理的反本质主义思维方式。第三，《手稿》把人的自由、有意识的生命活动即劳动实践看成人区别于动物的一般（类）本质，仍然是有重大意义的。以上是我最近一段时间研读马克思的经典文献的一些收获和体会。可以说，通过文献研读，我对实践存在论美学的内涵和意义有了更加深入的思考，对实践存在论美学的基本思想也更有信心了。马克思的存在论思想与关系生成论的理论思路无疑为美学研究开辟出一片新的天地，如何继承和发扬马克思现代存在论思想的理论遗产，推进当代美学的突破与发展，则是摆在当代中国美学界面前的重大课题，需要我们付出持续、艰苦的努力。2009 年，由我主编的一套"实践存在论美学"丛书由苏州大学出版社出版。这是实践存在论美学在国内美学界首次以集中、全面、系统的面貌出现，之后也陆续有一些专著出版。刘凯的这部《实践存在论美学片论》是国内关于实践存在论美学研究的最新著作。虽然名为"片论"，实则有其内在的系统性，体现出作者对实践存在论美学的整体性的深入思考。整部著作思路清晰，要言不烦，尤其是从实践存在论美学理论视野出发对中西方重要美学思想的重新审视，充分体现出实践存在论美学的方法论意义。我想，这完全可以成为未来实践存在论美学进一步拓展的可能路径。总的来说，刘凯的这部《实践存在论美学片论》在实践存在论美学研究方面进行了有益的尝试与思考，对我也多有启示。希望他能够再接再厉，今后在理论研究的道路上取得更大的进步。

朱立元

2020 年 6 月 25 日

目　录

引　言

中国当代美学发展至今已经有 70 年的历程。在这一时刻来重新审视中国当代美学曾经走过的道路，总结过往的经验，思考未来发展的路向，就有了某种特殊意义。在中国当代美学的发展过程之中，实践存在论美学的提出具有某种标志性的意义。它通过对以往实践美学的反思，试图寻找一条当代美学进一步突破和发展的合适路径。因此，从实践存在论美学入手也许能够给我们反思中国当代美学的发展历程提供一个合适的基点。

中国当代美学在 20 世纪下半叶先后经历了“美学大讨论”、80 年代“美学热”等重要阶段，确立了马克思主义实践美学的主流地位，取得了一系列重要成果，但也反映出一些理论上的局限与不足，在深层次上制约着中国当代美学的进一步发展，也受到后实践美学思潮的批评和质疑。进入 21 世纪以来，朱立元先生通过对中国当代美学的发展历程，包括其成就与局限的系统反思，提出了实践存在论美学的理论设想，以期实现中国当代美学的突破性进展。这一设想提出后迅速引发学界热烈讨论，从某种意义上来说，实践存在论美学也可以看作是中国当代美学发展中的一个“事件”。这一事件既反映出当代美学对传统实践美学的反思，也包含了对各种现代美学思想的回应。因此，对这一事件的研究能够让我们有一个契机回望过去，重新审视中国当代美学的发展历程，理解其中的成就与不足，同时也在与各种现代思想的对话之中思考中国当代美学的未来。

实践存在论美学首先来自于对中国当代美学发展历程的反思。中国当代美学的发展处在不断的探索与反思之中。从20世纪五六十年代的美学大讨论，到后来的美学热，以及后实践美学思潮的兴起，各种不同美学思潮的论辩一直存在。在这一过程中形成和发展起来的实践美学一度是中国最重要的美学流派，至今仍然发挥着重要影响。但对实践美学的反思从其产生以来就从未停止，实践美学本身也不断地做出理论回应，在其内部也形成了不同的美学思想体系，因而实践美学显现出“派中有派”的理论景象。其中蒋孔阳的创造论的实践美学思想从审美关系立论，将实践扩展为人生实践，颇具现代意味，其中也包含着实践美学自我更新的探索与努力。实践存在论美学注意到了传统实践美学的局限与问题，以及蒋孔阳美学思想所蕴含的现代意义，并尝试在此基础上“接着讲”，走出一条突破之路。在这一意义上，对实践存在论美学的考察就是对中国当代美学发展历史的反思。

同时，实践存在论美学是对当代美学思想的回应。20世纪西方美学思想纷繁复杂，给中国当代美学的发展提供了多种多样的思想资源，当然也带来了新的挑战。在这一背景下，如何融汇西方现代思想推进当代美学发展是中国当代美学面临的重要问题。毫无疑问，美学的发展应当保持开放性的姿态，积极吸收当代的思想资源，推进基础理论的创新，推动美学学科的发展。实践存在论美学积极吸纳当代思想资源，尤其是海德格尔存在论思想，并从这一理论视野出发重新审视马克思的实践观念，在此基础上展开自己的理论思考。这使得实践存在论美学具有了开放性的姿态，体现出现代美学思想的理论品格。同时，实践存在论美学始终关注中国当代的美学问题，立足于当下的语境展开思考，积极回应来自学界各方面的批评与质疑，体现出鲜明的时代性和当下性。因此，对实践存在论美学的考察能够从一个侧面展现出中国当代美学多元化的发展现状，体现出中国当代美学所关注的问题及其思考路向。

实践存在论美学也包含着对中国当代美学未来发展道路的思考。实践存在论美学认为，只有摆脱主客二分的认识论思维模式才能使得中国当代美学真正实现突破与创新。因此，实践存在论美学尝试从存在论的理论视野出发，以马克思的实践概念作为美学研究的基础，重新审视美学问题，建设具有现代品格的马克思主义美学体系。这一思路在思想上接续了蒋孔阳关于实践概念的理解，同时受到现代存在论思想的启发，透视出马克思的实践概念之中所包含的存在论思想，这样就为马克思主义的现代实践美学的发展找到一条崭新的道路。对这一美学思想的研究能够让我们看到推进中国当代美学发展的多元化探索，看到致力于理论融通与创新的思考与尝试，也能为中国当代美学的未来发展提供某种借鉴与启示。

本书尝试通过一些片段性的考察，从不同的角度展示出实践存在论美学提出的历史语境、思考的基本问题以及其所蕴含的方法论意义。

对实践存在论美学的研究在某种意义上代表着对当代中国美学发展历程的反思。本书从历史谈起，追溯中国 20 世纪五六十年代美学大讨论的形成及其理论成果，描述实践美学的产生、主要思想及学界对其的反思和批评。正是在这一理论背景中实践存在论美学才得以提出，因此这一研究将显示出实践存在论美学形成的历史语境及其试图去解决的基本问题。

实践存在论美学坚持马克思主义的理论属性。这不仅仅体现在其对实践概念的坚持上，更体现在它始终从对马克思基本文本的研读出发得出自己的理论观点，展现出马克思主义的开放性、包容性和时代性。马克思主义美学不是固执一端的理论教条，而应是能够回应时代问题的开放理论。马克思主义美学可以也应当是多种形态的。因此，本书尝试通过对马克思两篇基本文献的研读，发掘其存在论的内涵及其对当代美学建设的意义，以此显现出实践存在论美学的马克思主义理论属性。

理解一种理论思想可以有不同的路径。本书尝试通过三种路径进入实践存在论美学体系。其一是考察从实践美学到实践存在论美学的理论演进，以此展现出实践存在论美学在理论上的突破与创新。具体是从实践美学的积淀概念入手，考察学界对这一概念的反思以及实践存在论美学在理论上的突破，以小见大，呈现出实践存在论美学面对的理论问题及其解决的方法，其二考察实践存在论美学的基本思路，从存在、实践两个核心概念入手，考察实践存在论美学的内在逻辑。两种方法互为补充，从历史演进和理论分析两方面展现出实践存在论美学的提出及其主要思想。其三是从发展的视角审视实践存在论美学，探讨其在理论上的主要贡献、仍然存在的问题及进一步完善的可能，在此基础上为实践存在论美学乃至中国当代美学的未来发展路向提供某种思考与展望。

实践存在论美学提出后，在学界也引发了一系列理论论争。论争围绕实践存在论美学的一些基本问题展开，双方互有辩驳，也积累了一些重要的理论成果。总体而言，通过理论论争，实践存在论美学的基本思想得到了更为清晰的阐发，理论表述也更加完善、缜密，当然也还有一些仍需进一步思考的问题。对理论论争的还原与总结能够呈现出实践存在论美学在理论上所面临的挑战及其回应，也能从一个侧面展现出当代中国美学的理论语境。

实践存在论美学不仅仅是一种美学体系，也是一种美学研究方法。从实践存在论美学思想出发，可以重新审视西方美学的历史发展，也可以考察中国古典美学的现代意义，在中西古今的对话之中也许更能体现出实践存在论美学的理论价值。本书选取了中西美学史上几个具有代表性的问题进行个案研究，力图凸显出实践存在论美学的方法论意义。

当前实践存在论美学仍然处于发展之中，围绕这一美学思想也还存在一些争议。我们认为，首先要做的还是对这一美学思想本身的了解，在此基础上对其理论意义才可能形成更为准确的判断，本书尝试提供一条审视实践存在论美学的思路。这里的研究并不是对实践存在论美学全面、系统的研究，而是从作者的理论兴趣出发展开的一些片段性考察，名之为“片论”，也算得其所宜。

第一章　从“美学大讨论”谈起

马克思主义思想在当代中国美学中最重要的理论成果就是实践美学的产生。实践美学产生于20世纪五六十年代的“美学大讨论”，在七八十年代获得蓬勃发展并走向成熟，一度是中国最重要的美学流派。作为20世纪中国美学建设最具原创性的美学体系和最重要的理论成果，实践美学在中国当代美学发展中占有重要地位。但在实践美学的发展过程中，人们也逐渐意识到了实践美学自身所包含的局限与不足。于是，产生了诸种“后实践美学”的理论尝试，力图摆脱实践美学的理论框架，重新思考美学的基本问题。同时，在实践美学内部，也孕育并产生了一些新的美学思路，力图在坚持实践美学的基本框架的基础上，回应时代与现实的挑战，如“实践创造论美学”“新实践美学”，等等。客观地说，这些研究展现出实践美学多元发展的理论走向，呈现出实践美学内部多个不同的理论体系，凸显出实践美学在理论上的演进与发展，揭示了实践美学在理论建构和多元化发展方面的整体面貌。这些都对实践存在论美学的提出产生了积极影响。

作为当代马克思主义美学研究和发展的重要成果，实践存在论美学建基于马克思主义的基本理论之上，对实践美学进行了深刻反思，客观评价其所取得的历史成就与存在的问题，并对当代针对实践美学展开的批评进行了积极回应与思考，在此基础上探索当代美学未来发展的可能走向和突破之途。很显然这些都与实践美学存在着深刻关联。因此，在具体进入对实践存在论美学的研究之前，有必要回顾一下实践美学产生和发展的历程以及学界对实践美学的反思和批评，以此阐明实践存在论美学产生的理论背景及力图去解决的内在理论问题。

第一节 中国当代美学四大派与实践美学的形成

中国20世纪五六十年代的“美学大讨论”奠定了中国当代美学的基本格局。这场对中国美学影响深远的大讨论开始于对朱光潜美学思想的批判。1956年6月，朱光潜在《文艺报》第12号上发表了《我的文艺思想的反动性》一文，对自己在中华人民共和国成立前出版的美学论著《谈美》与《文艺心理学》中的唯心主义思想作了自我批判。之后，以批判朱光潜唯心主义美学思想为主线，展开了对美学问题的讨论，蔡仪、黄药眠、李泽厚、吕荧、高尔泰、蒋孔阳、洪毅然等人均加入讨论，朱光潜对这些批判也进行了回应，由此形成了全国性的“美学大讨论”。讨论主要围绕美的本质、自然美、美学研究对象等问题展开，其中美的本质问题是讨论中的核心问题。围绕这一问题也逐渐形成了中国当代美学四个主要的派别，即“客观派”“主观派”“主客观统一派”和“客观社会派”，构成了当代中国美学的基本格局。

第一个派别是客观派，以蔡仪为代表。蔡仪认为美是客观的而不是主观的。事物之所以美，根本原因在于事物本身，它无关乎主观，是客观事物的自然本性使然。因此，美“不是主体对美的事物特征的感受，而是美的事物的特征，它不是属于主体的，而是属于客体的，甚至如关于自然事物的美的观念的内容也不是属于人类的，而是属于自然物的”[①]。概括起来，蔡仪的美学观点主要包括：首先，美在于客观事物本身，与人的主观愿望和情感无关。美是第一性的，是事物客观规律的本质显现。美感是第二性的，是人的主观通过认识美、反映美而形成，它被美所决定而不能决定和改变事物美或是不美的客观固有性质。其次，客观事物的美在于其典型性。所谓典型性，是指能在个别性中反映

① 四川省社会科学院文学研究所编：《中国当代美学论文选》（第1集），重庆出版社1984年版，第44页。

出种类的普遍性。而美感就是人对客观的美的反应。最后，美是永恒的，它既不被历史所改变，也不被人的主观情感所动摇。人的美感只能反映美，而不能改变美。蔡仪美学鲜明地坚持了唯物论的反映论观点，但这一思想也遇到不少理论困境。将美看作与人无关的存在，这显然是有问题的，美本来就是与人相关的一种价值。再者，典型的东西也并不一定就是美的，如当时就有人针对这一观点指出，典型的癞蛤蟆、跳蚤、毒蛇等就不怎么美。

第二是主观派美学，以吕荧和高尔泰为代表。他们主张，客观事物美或不美全在于主体的主观意识和感受。吕荧明确提出，“美是人的社会意识，它是社会存在的反映，第二性的现象”①。从社会意识的角度来看，美自然是主观的。高尔泰则表述得更加直接，“美，只要人感到它，它就存在，不被人感受到，它就不存在”②。因此，“人的心灵是美之源泉……如果你在自己的心中找不到美，那么，你就没有地方可以发现美的踪迹”③。所以，这一美学思想强调了在审美活动中的主体地位，但由于将美还原为人的主观意识，在一定程度上忽视了美的客观性和普遍性，使得美失去了统一的标准，存在走向相对主义的危险。

土客观统一派以朱光潜为代表。在美学观点上，朱光潜很早就提出，“美不仅在物，亦不仅在心，它在心与物的关系上面”。也就是说，美既不在客观，也不在主观，而在主观与客观发生关系取得统一而形成的物的形象。为此朱光潜进一步区分了物和物的形象，认为美感的对象（即美）不是“物本身”，而是“物的形象”。“物本身”是纯客观的，“物的形象”则是“物本身”在人的主观关系影响下反映于人的意识的结果，也即主客观的统一。在美学大讨论中，朱光潜进一步指出，“美既有客观性，也有主观性；既有自然性，也有社会性；不过这里客观性

① 《吕荧文艺与美学论集》，上海文艺出版社1984年版，第400页。

② 文艺报编辑部编：《美学问题讨论集》（第2集），作家出版社1957年版，第134页。

③ 四川省社会科学院文学研究所编：《中国当代美学论文选》（第1集），重庆出版社1984年版，第283页。

与主观性是统一的，自然性与社会性也是统一的”。[①] 美既不单纯在主观，也不单纯在客观，而在于主观与客观的结合。为了说明这一理论，朱光潜还引用了苏轼的《琴》诗作为例证：“若言琴上有琴声，放在匣中何不鸣。若言声在指头上，何不于君指上听。”他认为，“说琴声就在指头上的就是主观唯心主义……说琴声就在琴上的就是机械唯物主义……说要有琴声，就既要有琴（客观条件），又要有弹琴的手指（主观条件），总而言之，要主观与客观的统一”。[②] 这一理论能够同时照顾到主客观两个方面，在一定程度上弥补了前两种学说各执一端的不足。在后来的讨论中朱光潜对主客观统一论做出了进一步的完善，借用马克思“自然的人化”和“人的本质力量对象化”，来表述他的主客观统一说，如“自然”是客观，“人化”是主观，“自然的人化”仍然是主客观的统一，这使其学说带有了不少实践论色彩。

李泽厚主张美是客观性与社会性的统一，被称为“客观社会派”。李泽厚认为美是客观的社会生活的属性。“美就是包含着社会发展的本质、规律和理想而有着具体可感形态的现实生活形象，简言之，美是蕴藏着真正的社会深度和人生真理的生活形象（包括社会形象和自然形象），美是真理的形象。”在这个意义上，美既是客观的，同时也具有社会属性，因而是客观性和社会性的统一。[③] 在后来的《批判哲学的批判》中，李泽厚进一步指出，“美不是物的自然属性，而是物的社会属性。美是社会生活中不依存于人的主观意识的客观现实的存在。自然美只是这种存在的特殊形式”[④]。这样就突出了美的社会性内涵。

在对自然美的解释上，李泽厚同样坚持自然美的社会性属性，认为自然本身无所谓美或不美，美的自然是社会化的结果，是人的本质对象化的结果。“美的本质就是现实对实践的肯定；反过来丑就是现实对实

---

① 四川省社会科学院文学研究所编：《中国当代美学论文选》（第1集），重庆出版社1984年版，第327页。

② 文艺报编辑部编：《美学问题讨论集》（第4集），作家出版社1959年版，第178页。

③ 李泽厚：《论美感，美和艺术》，《哲学研究》1956年第5期。

④ 李泽厚：《批判哲学的批判——康德述评》，人民出版社1979年版，第415页。

践的否定……自然的美、丑在根本上取决于人类改造自然的状况和程度，亦即自然‘向人生成’的状况和程度。”① 这里已经强调了实践在美的生成过程中的作用。

在美学大讨论中，四派观点互有交锋，同时也在争论中不断自我完善，由此奠定了中国当代美学的基本格局。当时李泽厚的观点获得了较多的认同，产生了比较大的影响，这也成为后来实践美学的萌芽。

20 世纪 70 年代末到 80 年代，是实践美学逐渐形成的时期。李泽厚开始更为细致地探讨实践如何落实到个体层面的问题，提出了人类学本体论的思想。其核心是通过以积淀为基础的自然人化，建构起人的文化—心理结构，实现感性和理性、自然性与社会性的统一，这也构成了美感的根源。正是在这一思想的基础上形成了李泽厚的实践美学。

李泽厚的实践美学建立在他的主体性实践哲学（或人类学本体论）基础之上。具体来说，李泽厚将主体性分为双重结构，其一是外在的工艺—社会结构和内在的文化—心理结构，其二是个体身心的性质和人类群体的性质。其中工艺—社会结构和人类群体性质发挥着决定性作用，其根源都是人类的实践活动。

在李泽厚看来，实践是指以制造和使用工具来改造自然并使人类得以生存和发展的物质生产活动，这一活动产生了两方面的后果。在征服和改造自然的实践活动中，人类不仅改变了外部世界，创造物质文明，使事物和自然环境发生了合乎人的意志的变化，李泽厚称之为“工艺—社会结构”的变化，是人类主体性在客观上的表现；同时，人类的实践活动还改变了自己的社会环境（如习俗、制度等），从而强化了社会因素对人的主体精神世界的作用，使人的情感、意志等心理活动和思维方式也发生了根本性变化，产生了所谓“文化—心理结构”，这是人类主体性在主观上的表现。

在美学方面，李泽厚认为，“自然的人化是马克思主义实践哲学在美学上（实际上也不只是在美学上）的一种具体的表达和落实。就是

---

① 李泽厚：《美学论集》，上海文艺出版社 1979 年版，第 147 页。

说，美的本质、根源来于实践，因此才使得一些客观事物的性能、形式具有审美性质，而最终成为审美对象。这就是主体论实践哲学（人类学本体论）的美学观"①。具体来说，自然人化可以分为两个方面，即外在自然的人化和内在自然的人化。外在自然的人化即"经过社会实践使自然从与人无干、敌对的或自在的变为与人相关的、有益的、为人的对象"②。它既包括被人类直接改造过的自然，也包括那些没有经过人类直接改造、但与人的关系发生改变的自然。在外在自然人化的过程中就产生了美和美的形式，李泽厚由此说明审美对象的生成。内在自然的人化是指在人类的社会实践过程中人自身的感官、感知和情感、欲望的人化，由此形成人的"文化—心理"结构。这一结构具体包括智力结构、意志结构和审美结构，它们分别通过"理性的内化""理性的凝聚"和"理性的积淀"等方式表现为个体心理上的"自由直观""自由意志"和"自由感受"。其中"自由感受"就属于美感。

这里涉及了"积淀"这一概念。"积淀"是李泽厚实践美学的一个重要概念，即"人类经过漫长的历史进程，才产生了人性——即人类独有的文化心理结构，亦即从哲学上讲的'心理本体'，即人类（历史总体）的积淀为个体的，理性的积淀为感性的，社会的积淀为自然的，原来是动物性的感官人化了，自然的心理结构和素质化为人类性的东西"③。李泽厚认为，积淀的过程就是"自然人化"的过程，这一过程及其成果在人类的审美实践中具有重要意义。由于积淀的作用，主体的自然人化形成了美感的二重性，即一方面是感性的、直观的、非功利的，另一方面又是超感性的、理性的、功利性的。在美感的两重性中，使后者向前者转化的条件就是实践基础上的历史的积淀。

因此，实践美学的基本思想可以概括为：人类在社会实践过程中通过自然的人化，既创造了外在的审美对象，也形成了内在的、以文化—

① 李泽厚：《美的历程》，载《李泽厚十年集》，安徽文艺出版社 1994 年版，第 462—463 页。

② 李泽厚：《美学论集》，上海文艺出版社 1979 年版，第 172 页。

③ 李泽厚：《美学三书》，安徽文艺出版社 1999 版，第 510—511 页。

心理结构为基础的美感。美感之所以具有感性和理性、个体和社会、功利性与非功利性的二重性，在于美感的形成本质上就是积淀的过程。这样，实践美学就在马克思实践概念的基础上解释了美的本质、审美对象、美感等一系列问题，成为马克思主义美学的重要成果。

事实上，实践美学也是在发展中逐渐建立起来的。20 世纪 50 年代美学大讨论中，李泽厚提出的实践是一种孤立、静止的范畴，主要是针对静态的认识—反映模式，强调的是实践作为物质性力量在改造自然与人自身方面的巨大可能性，更多的重视的是实践的结果。而在 20 世纪 80 年代“美学热”阶段，他用“实践”作为中介联结了传统的心物二元对立，以“积淀”打通了实践的类化主体与审美个体，实践观念从注重结果转向注重对实践主体的肯定。这种理论的自我调整，使得实践美学能够不断地提升其理论的历史感和全面性，为实践美学的进一步发展奠定了重要的基础。

总的来看，实践美学以马克思的实践观念为哲学基础，将“实践”范畴引入了有关美的本质的思考中，并由此出发研究人与现实的审美关系，阐释各种美学问题，它的一些重要概念和命题，如“美是人的本质力量对象化的感性显现”“自然的人化”“积淀”等，均立足于人的实践活动，极具理论价值。实践美学认为美感和美都是社会历史实践的产物，作为个体的人之所以能够从审美的角度欣赏自然，是因为人类整体的实践活动改变了自然与人之间的关系，使得原本与人相对立的自然打上了人的印记，变成了某种程度上为人的自然。同时，个体心理、情感之中也积淀了人类整体的实践历史成果。因此，在劳动实践中，人类的本质力量得以对象化，而对象也得以人化，从而产生了外在的美的形式和内在的审美感受。由此看来，人类的劳动实践就成为美得以产生的根源。

实践美学始终以马克思主义的实践观念作为理论基础，由此形成了完整的美学体系，体现出鲜明的马克思主义美学特色，具有重要的理论价值。首先，把美学置于历史唯物主义实践论基础上，为审美找到了社会历史实践这个坚实的现实基础，从而克服了传统美学的直观性和纯思辨性。其次，将实践作为基本范畴和逻辑起点，统一了主体和客体，克服了唯心主义的片面主观性和旧唯物主义的片面客观性，为解决美的主客观属性问题奠定了基础。最后，实践美学从实践的主体性出发，揭示了审美的自由性，在客观上推动了新时期的思想解放运动。

第二节 对实践美学的反思与批判

实践美学自产生以来，就一直受到各方面的批评和质疑，也一直处于与其他美学思想的论辩之中。尤其是20世纪90年代以来，学界对实践美学从理论基础、思维框架、逻辑结论等多方面进行了全面反思，提出了后实践美学、实践美学终结论等诸多理论主张，引发了关于实践美学的论争。事实上，正是在与其他美学思想的对话之中，实践美学才一步步走向成熟。如何面对理论质疑，在多元对话中进行自我突破与创新，则是实践美学当前所面临的首要问题。

尽管实践美学具有重要的理论价值，但这一理论体系本身也存在某些固有的缺陷，如“积淀说”过于强调集体的、理性的、历史的内容，忽略了对个体性、感性因素的强调，这就导致了文化—心理结构成为一块令人窒息的壁垒。其次，过于强调人类实践的作用，也会面临如何圆满地解释那些未经人类实践改造的对象何以成为审美对象的问题。因此，从20世纪80年代末开始，实践美学就受到了来自后实践美学的批判和挑战。

高尔泰早在20世纪80年代就发现了李泽厚实践美学的内在缺陷，他以艺术家的敏锐从感性的角度对实践美学展开批判。“美感是人的一种本质能力，是一种历史地发展了的人的自然生命力。它首先是人的自然生命力，是人类创造世界和选择进步方向的一种感性动力……所以它永远是开放的和进取的，永远是通向未来的。其次，它是历史地发展了的，是以往全部世界历史的成果，在其中……理解转化为直觉，逻辑认识转化为感觉，历史的和社会的东西转化为个人的东西。这一切都来自以往的历史发展。所以它又是面向过去的，是一个相对静止和封闭的理性结构。美感包含这二者，但不是这二者的机械的结合。它首先是一种感性动力，在其中理性结构不过是一个被扬弃的环节……所以美感，是感性动力的人的形态，是历史发展的水平即人的人化程度的标志。”① 很显然，高尔泰更加强调美感的感性特质及其面向未来的特性。在他看来，美感的生成不是理性对感性的积淀，而是感性对理性的扬弃，感性的开放性使得美感体现出更加鲜活的特质。由此感性动力的提出与李泽厚实践美学的积淀说形成了鲜明对照。

潘知常则从“生命”入手对实践美学的实践本体论哲学基础展开反思。在他看来，实践美学最大的缺陷就是将审美的起源等同于审美的本质，而且将实践作为审美活动产生的唯一来源，用实践的性质来解释审美的本质，忽视了审美活动自身的复杂性与特殊性。为此他立足于人类“生命”，提出了生命美学的思想，认为“美学必须以人类自身的生命活动为自己的现代视界，换言之，美学倘不在自身的生命活动的地基上重新建构自身，它就永远是无根的美学，冷冰冰的美学，它就休想有所作为”②。因此，生命美学从人的生命活动入手去研究审美活动，认为真正的美不能从现实中寻找，美也不在于对当下现实世界的肯定，而在于对当下现实的超越。

在对实践美学的批判和反思中，杨春时从十个方面对实践美学进行了全面系统的反思，颇具代表性，产生了重要的学术影响。

第一，实践美学是理性主义美学。实践美学把审美划入理性活动领域，从而忽略了审美的超理性特征。具体体现在，实践美学的基本范畴和逻辑起点“实践”指称的是人的理性化活动，其基本命题“美是人的本质力量的对象化”中的“人的本质力量”也是理性化概念，由此排除了实践活动本身所具有的非理性和超理性的因素。这样，审美活动在本质上就成为理性化的活动，也就无法解释审美的直觉性、非逻辑性、幻想性、极度的动情性等非理性和超理性的特征。

① 高尔泰：《美是自由的象征》，人民文学出版社 1986 年版，第 103—104 页。

② 潘知常：《生命美学》，河南人民出版社 1991 年版，第 2 页。

第二，实践美学具有现实化倾向，把审美划入现实活动领域，从而忽略了审美的超现实特征。人在现实中生存，现实性是人的重要属性。实践通过改造现实以维持人在现实世界中的生存，它在根本上就是一种现实活动，无法超出现实领域。但是，人的生存又不完全附着于现实，而总是趋向于突破既有水平，体现出指向彼岸世界的超越性特征。在审美活动中，这种超现实的要求通过审美形式得以实现。实践美学从现实的实践活动出发，认为美是实践的产物，通过社会实践能够创造一个审美的人和审美的世界。这一思想实际上是把审美现实化，抹杀了审美的超现实属性。事实上，尽管实践能够推动社会不断向前发展，却无法消除现实与审美之间的界限。

第三，实践美学强调实践的物质性，由物质实践出发来考察审美，就不可避免地忽略了审美的纯精神性。在李泽厚的实践美学之中，实践就是人类的物质生产活动，这构成了实践美学的基础。尽管物质实践是精神活动的基础，但却不能取代精神活动。同样，精神活动也不能还原为物质活动。实践美学把物质实践作为出发点，认为美是实践的产物，事实上是企图以物质生产规律解释审美规律，这无疑抹杀了审美的纯精神性。

第四，实践美学强调实践的社会性，仅仅从社会活动角度考察审美，从而忽略了审美的个性化特征。人的存在是社会性的，实践是社会群体行为，这是历史唯物主义的基本观点。但是，直接以社会实践来解释审美活动，无疑存在简单化的倾向。在肯定审美的社会性的同时，却抹杀了审美的个性化特征。

第五，实践美学虽然从实践本体论出发，以审美对象取代了美的实体范畴，力图克服主客体对立的二元结构，从而为解决美的本质和主客观属性问题奠定了基础。但是，由于在实践水平上主体与客体只能达到相对的统一，主客体的差异始终存在。因此，实践美学在思想方法上仍然无法摆脱主客二分的二元结构。

第六，实践美学为了沟通实践与审美，采用了决定论模式，即认为审美是由社会实践决定的，实践规律、实践水平决定了审美规律和水平，从而混淆了审美意识与一般社会意识的区别。最典型的体现就是“积淀说”，这一学说本质上就是一种“实践决定论”，认为人类数千年历史实践积淀为牢不可破的文化—心理结构和文化传统，个体、感性的形式中都积淀了集体、理性的内容。因此包括审美在内的个体活动都在深层次上被实践活动所决定，审美的超越与创造在理论上也就成为不可能。

第七，实践美学以实践为本体论范畴，这一“本体”被客观化、实体化，因而不能彻底克服片面的客观性和实体观念。反映在美学思想上就是认为美是人类集体创造的，具有不以个人（自我主体）意志为转移的、客观的社会属性，从而忽视了审美的个体性和创造性。

第八，实践美学强调了实践的生产性、创造性。因此从实践范畴出发，就必然导致片面肯定审美的生产性、创造性，忽视审美的消费性、接受性。事实上，审美是生产与消费、创造与接受的同一，片面强调某一方面都必然割裂了审美的本质。

第九，实践美学以实践本体论为哲学基础，而缺乏解释学（即传统认识论）基础，因此其理论体系是不完备的。实践是本体论范畴，实践哲学是本体论哲学，因此实践美学只能在本体论领域内建构，把审美作为生产方式（生存方式的基础）来考察，而不能在解释学领域内，把审美作为解释方式（意义创造）来考察，这就造成了实践美学体系的巨大空白。

第十，实践美学由于实践范畴的局限，存在着以一般性取代特殊性的倾向，因而不能揭示审美的特殊本质。实践美学肯定了审美的主体性，提出了“美是人的本质力量的对象化”的命题。但是，这个命题过于宽泛，缺乏具体规定和条件，并没有解决美学自身的问题。①

可以看到，杨春时对实践美学的批评涉及实践美学的哲学基础、基本概念、理论命题、思维方法、逻辑架构、理论结果等多个方面，认为实践美学未能摆脱主客二分的思维方式，以实践为基础也无法真正解释

① 杨春时：《走向“后实践美学”》，《学术月刊》1994 年第 5 期。

和面对审美活动的个体性、感性、精神性、超越性等诸种属性。应当说，杨春时对实践美学的反思的确凸显出了实践美学的内在缺陷与不足，在理论上颇具冲击力和启发性。那么，接下来的问题就是，实践美学是否还有未来，在理论上是否还有进一步发展的空间？这也成为当代中国美学发展必须面对的问题之一。实践存在论美学的提出就处于这一理论背景之中，是对这一问题的积极探索与回应。

第三节　实践存在论美学的提出

实践存在论美学的理论设想由朱立元提出。这一理论同样源于对传统实践美学的反思，但不同的是，实践存在论美学坚持从实践概念出发，并力图挖掘这一概念本身的理论潜力，以回应当代美学对实践美学的批评与质疑。在对传统实践美学反思方面，朱立元认为，实践美学最主要的问题表现在两个方面：第一，实践美学没有完全超越西方近代以来主客二分的认识论思维框架，而这是中国美学要真正取得重大突破和发展的主要障碍；第二，实践美学对实践的看法失之狭隘，无法真正成为美学的理论根基。

从思维方式上来看，朱立元认为，实践美学未能完全摆脱主客二分的二元对立思维模式，由此导致了把“美”和“审美主体”（美感）实体化的倾向。具体来说，李泽厚的实践美学在回答“美是什么”的问题时给出了“美在客观性与社会性统一”的答案，这个回答在根本上仍未跳出认识论的二元对立思维框架。实际上，只要承认和接受“美是什么”的提问方式，也就肯定并预设了“美”是作为客体的实体存在，其回答在实质上也就仍是一种实体化的回答。这种认识论的思路在把“美”实体化的同时，也就自然会推出美感是对于这种实体化的美的认识、感受和体验的观点。

在对实践概念的理解方面，李泽厚坚持认为实践就是人的物质生产劳动。在他看来，马克思主义的实践范畴就只是指物质生产劳动，人的其他活动都不算实践。根据这一观点，实践就是人作为工具性本体制造和使用工具并改变自然的活动，人通过认识自然、改造自然获得自由，然后进一步再认识、再改造，如此循环往复。这样来看世界就是客观、现成的，人作为主体也是现成的，人和世界的关系就是现成主体对现成客体的认识和改造关系。审美就在这种物质生产实践活动中获得了积淀，并形成审美的心理本体。因此人是在物质实践过程中创造了美的同时也感受到美。应当说，实践美学从实践概念出发解说美和美感问题并建构起整个美学思想体系，具有理论上的创新性，但其对实践概念的理解事实上并不符合马克思的思想。马克思在《关于费尔巴哈的提纲》中批评机械唯物主义时并没有把实践局限于物质生产劳动，而是界定为“人的感性活动”，并明确地指出“全部社会生活在本质上是实践的”。[①] 很显然，在马克思那里，实践不仅仅是指物质生产劳动，而是包括了人的整个社会生活。朱立元认为，实践概念的内涵十分广泛，除了应该包括物质生产劳动之外，它还应该包括变革现存制度的革命实践、政治实践、道德实践、审美和艺术实践以及广大的日常生活实践等等。因此李泽厚的实践美学强调物质生产劳动作为实践的唯一含义，实际上是将实践概念狭隘化了。历史地看，把人的精神活动、精神劳动、审美活动、艺术活动都排除在实践概念之外，既不符合西方思想传统对实践的理解，也不符合马克思（以及后来的毛泽东）的实践观。

朱立元认为，对实践美学来说根本性的问题仍然在于：历史唯物主义基础上的人类群体的实践活动如何过渡、落实到个体的审美活动中；功利性的实践活动如何落实到精神性的审美活动中。但也许问题一开始就提错了，因为这一问题的前提恰恰是实践与审美的相互差异与彼此对立。根本的问题在于如何理解实践，如何理解审美。如果我们不再坚执西方近代以来形成的关于审美的狭隘观念，不再把审美局限在狭小的精神领域之中，而是恢复自古希腊以来美与生活的关联性，这时，马克思的自然人化理论就仍有其价值；另一方面，如果我们不再把实践局限在物质生产实践的狭小领域之中，而是恢复自亚里士多德以来的思想传

---

① 《马克思恩格斯选集》（第一卷），人民出版社 1995 年版，第 56 页。

统，从更广义的范围来理解实践，将其作为人之为人的规定性，体现在人的一切领域、一切活动之中。这时，马克思在《关于费尔巴哈的提纲》中关于实践的观点就可作为新的理论基础。这样，在马克思主义思想的基础上，完全可以摆脱主客二分的思维方式，恢复实践与审美在本源上的关联性，为当代美学探寻新的突破之途。

除了对传统实践美学的反思之外，实践存在论美学的提出在很大程度上也受到蒋孔阳美学思想的启发。蒋孔阳美学思想虽然总体上仍属于实践美学的理论阵营，不过与李泽厚的实践美学已经有了较大区别。蒋孔阳仍将实践概念作为美学思想的基础，但已经开始从更为广义的角度来理解实践，认为实践是人类各种有意识活动的总和。蒋孔阳由此建立起以实践论为基础、以创造论为核心的审美关系学说。这一美学思想强调了美是"恒新恒异的创造"①，即认为美并不是外在于人的现成对象，而是在人的审美活动中当下创造生成的，从而已经透露出现代存在论的理论消息，为实践存在论美学的发展奠定了重要的思想基础。

朱立元在反思传统实践美学思想的基础上，坚持将马克思的实践概念作为美学研究的逻辑起点，并回归到马克思的理论文本之中重新理解实践概念，同时吸收和借鉴了20世纪存在论的基本思想，展开对美学问题的系统研究与思考，建立起实践存在论的美学体系。其基本主张包括：

第一，从人生实践的意义上来理解实践概念。实践存在论美学虽然仍然以实践论作为哲学基础，但已经将其根基从认识论转移到存在论上，即认为应该从存在论（本体论）的角度把实践理解为人最基本的存在方式，理解为广义的人生实践，从而实现实践论与存在论的有机结合。从人生实践的观点来看，实践就是人的基本的存在方式，人正是在实践过程中才逐渐成其为人的。因此实践不仅是人之成为人的一个原动力，也是人之为人的一个标志。

第二，关于审美活动与人生实践。实践存在论美学认为，人生实践

① 蒋孔阳：《美学新论》，人民文学出版社1993年版，第136页。

的范围十分广泛，审美活动不仅是人生实践的一个不可缺少的组成部分，而且也是一种人的基本存在方式和基本人生实践。人类社会就是建立在包括审美活动在内的无限丰富的人生实践基础上的。

第三，在美学研究对象方面，突破单纯的认识论框架，坚持审美关系、审美活动在先的原则，以实践存在论的思路重构美学理论。实践存在论美学认为，不存在脱离具体审美关系、审美活动的审美主体和审美客体，审美主客体都是在具体的审美关系、审美活动中现实地生成的。这就是说，正是在审美活动中，审美客体（美）与审美主体（美感）才同时现实地生成。因此，在美学研究对象问题上，必须超越主客二分的思维模式，改变以往美学多以美或美的本质、规律为主要研究对象的观念，而以人与世界的审美关系及其现实展开即审美活动为研究对象。这样，实践存在论美学就把审美活动（审美关系的现实展开）、而不是美和美的本质作为美学研究的主要对象和逻辑起点。这就在美学研究对象上超越了主客二分的思维模式。

第四，实践存在论美学的一个基本主张，是用生成论取代现成论。现成论美学的基本立足点，是把“美”作为一个早已客观存在的对象来认识，预设了一个固定不变的“美”的先验存在。实际上，没有一个客观固定的美现成地存在于世界的某个地方，美只能在具体现实的审美关系和审美活动中动态地生成。所以，实践存在论美学的思考方式不再问“美是什么”而是问“美何以存在”“美如何存在”，这个提问方式的改变乃是从现成论向生成论的重要改变。

第五，关于自然美。实践存在论美学认为，自然美同美的其他形态一样，都是生成的，而不是现成的。只有当人类发展到一定阶段，社会文化、审美活动、各个民族的历史积累等进展到一定的阶段，人与自然开始形成某种超越于实用功利关系的审美关系（或者至少是具有明显审美因素的关系）时，自然界中一些事物才逐渐成为审美对象或准审美对象，自然美也才得以产生。

第六，审美是一种高级的人生境界。实践存在论美学认为，人在各种生存实践活动中，在与世界打交道的过程中，会形成与世界不同程度的统一、圆融的关系。这种统一关系着重体现在人对自身生存实践的觉解与对宇宙人生意义的体悟的不同程度、层次和水平上，由此会形成不同层次的人生境界。审美境界能够在较大程度上超越个体眼前的功利性和有限性，达到相对自由的状态。所以，审美境界就属于比较高层次的人生境界。审美境界不同于、高于一般的人生境界之处，就在于它是对人生境界的一种诗意的提升和凝聚，也可以说是一种诗化了的人生境界。

第七，实践存在论美学体系的逻辑建构，遵循上述审美关系、活动在先的原则，首先以审美活动（作为审美关系的具体展开）作为逻辑起点，探讨审美对象和审美主体如何在审美活动中现实地生成，以及审美活动的性质、特点。接着分别从对象形态和主体经验两个方面论述审美形态和审美经验，然后研究艺术和艺术活动。由于艺术最集中、典型地体现、凝结了审美活动的诸方面，因此，美学应该通过研究艺术和艺术活动来把握一般审美活动。最后落实到审美教育即美育。这样看来，实践存在论美学的逻辑构架就是：审美活动论——审美形态论——审美经验论——艺术审美论——审美教育论。[①]

从理论体系上来看，审美活动是一种人生实践，审美活动论构成了整个美学体系的理论基础。审美形态论研究审美对象的呈现方式，审美经验论研究审美活动中的主体情感与心理。艺术审美论研究审美活动中艺术的存在方式，由此体现出审美活动的典型形态。审美教育论构成了整个美学体系的归宿与落脚点，即对人的培养与塑造。整个美学体系从人的实践活动出发，最终归结为通过审美实践活动对人的培养和塑造，实践构成了美学体系的基础，也体现在审美活动的各个环节之中。

实践存在论美学力图在坚持实践概念的基础上重构美学理论。其理论核心在于，从人生实践的角度来理解实践概念，将实践作为人生成和发展的基本境域，也是审美活动得以产生的基本境域。同时，将审美活动作为美学研究对象就同时包容了审美主体和审美对象，从而能够避免

---

① 朱立元：《我为何走向实践存在论美学》，《文艺争鸣》2008 年第 11 期。

主客二分的思维模式。总体上来看，实践存在论美学形成了自己鲜明的理论特色。

首先，实践存在论美学体现出明确的人文主义指向。实践美学把美学研究与对人的思考和研究紧密结合起来，这一思路是建基于对马克思《1844年经济学—哲学手稿》的阐释和发挥。因此，实践美学从一开始就具有人文主义的指向，这赋予审美以人类学的内涵。但人类学视野中的物质生产实践活动与个体性、超越性的审美如何能够有效沟通始终是一个问题。实践存在论美学从现代存在论的角度来理解实践，这样实践就具有了“人生在世”的丰富内涵。可以看到，从实践美学到实践存在论美学，对实践内涵的理解越来越丰富，越来越与人的整体生存相关联。这无疑赋予审美以更为宽广的理论视野和基础。

因此，实践存在论美学体现出鲜明的人文主义指向，但这种人文主义不仅仅是群体的、理性的，而同时密切关注人的个体的、感性的生存，关注人的审美化的生存。如此，美学才能具有时代意义，才能与当代各种思潮形成有效对话与沟通。

其次，实践存在论美学还具有鲜明的现实指向。理论的生命力来自于现实，20世纪五六十年代、80年代之所以能形成美学热潮，恰恰是因为美学能够对人们关注的现实问题给予有力阐释。但当社会现实和思想文化发生巨大转变时，美学也需要保持开放的姿态，及时调整自己的理论路向，对现实做出有效回应。实践美学将实践理解为物质生产活动使得其在理论上与现实具体的审美活动始终存在距离。面对这一问题，实践存在论美学挖掘实践概念本身的存在论内涵，自觉地突破主客二分的二元对立思维方式，面对人的具体的生存状况，充分注意到审美活动自身的复杂性，对当代纷繁复杂、形式多样的艺术和审美实践给予理论解释，体现出鲜明的现实指向。

美学的发展需要对当代美学问题做出有效回应。一方面是对当代众多的审美现象、文化现象的阐释、分析和批评，另一方面是对当代众多美学思潮的分析、研究和评价，从中提炼出自己的理论问题，由此不断丰富和拓展实践美学的理论阐释空间。在这些方面，实践存在论美学都做出了有益尝试，为当代美学的进一步发展探索出了一条可能路径。

根据以上研究可以看到，实践存在论美学在对实践美学的反思中形成了属于自己的理论特质和美学思维方式，这些既是对实践美学既有理论成果的继承，又是在新的理论语境之下的创新与发展，是在正视实践美学自身存在的局限与不足，并在坚持实践概念的基础上的突破与创造。从实践美学到实践存在论美学，可以清晰地看到中国当代美学寻求自身突破的理论轨迹。

第二章　实践存在论美学的马克思主义理论基础

中国新时期以来美学的突破和发展都是和对于马克思主义理解的逐步深化联系在一起的。美学大讨论中各派思想尽管各自不同，但都是从对马克思经典文本的解读出发来展开自己的理论思考，都试图将自己关于美学问题的思考建基于马克思主义的理论基础之上。可以说，对马克思主义，尤其是马克思经典文本的研读和思考始终是中国当代美学研究的基础和理论创新点。对人及人的实践活动的关注与思考在马克思的思想中始终是一个重要问题，《1844 年经济学—哲学手稿》中对"自由自觉的活动"的思考，《关于费尔巴哈的提纲》中对人的本质是"一切社会关系的总和"的认识，以及马克思后期思想中从需要的角度对人的理解，都明确体现出马克思对人的深刻思考。这些思想对马克思主义美学的发展产生了重要影响。

实践存在论美学的提出是对马克思主义美学思想的创造性发展，其基本理论背景来自于对 20 世纪西方美学的整体把握和对马克思主义美学经典文本的细致研读。因此，对马克思主义经典文本，尤其是马克思本人的文本的解读，就成为理解实践存在论美学的关键所在。从这些解读之中，既能看到实践存在论美学立足于整个西方现代美学发展的开阔视野，感受到实践存在论美学的现代气息，同时也明确体现出实践存在论美学的马克思主义理论属性。本章将聚焦马克思的《关于费尔巴哈的提纲》和《1844 年经济学—哲学手稿》两篇文献，探索其中的实践观念与存在论内涵及其美学意义，以阐明实践存在论美学的马克思主义理论基础。

第一节 《关于费尔巴哈的提纲》中的实践观念

马克思写于1845年的《关于费尔巴哈的提纲》（以下简称《提纲》）在马克思的思想发展中占有十分重要的地位，历来受到研究者的重视。恩格斯曾给予这一《提纲》极高的评价，认为“它作为包含着新世界观的天才萌芽的第一个文件，是非常宝贵的”①。阿尔都塞也认为这一《提纲》“像耀眼的闪电划破哲学人类学的夜空，在一瞬间使人们通过第一个世界反射在视网膜上的图像感知到了另一个世界”②。不难发现，这一《提纲》中包含着马克思对实践概念的独特理解，这也构成了马克思与旧唯物主义思想的根本区别。因此，对实践概念的理解就成为理解这一《提纲》的一个理论入口。但是，要透过这短短的11条《提纲》来把握马克思的思想是十分困难的。而且，如同《1844年经济学—哲学手稿》一样，马克思在《提纲》中使用了一些旧哲学的术语来表达自己的思想，这在客观上也增加了理解的难度。因此，必须把这一《提纲》与马克思的其他文本联系起来，在文本间性中把握住马克思的思想发展轨迹，由此才能对《提纲》中的思想形成较为准确的理解和判断。这里我们试从提纲的第6条出发进行讨论。当然，起点的选择并不是任意的，而恰恰是着眼于马克思的理论革命。

马克思《关于费尔巴哈的提纲》中的第6条是这样的：

> 费尔巴哈把宗教的本质归结于人的本质。但是，人的本质不是单个人所固有的抽象物，在其现实性上，它是一切社会关系的总和。
>
> 费尔巴哈没有对这种现实的本质进行批判，因此他不得不：

① 《马克思恩格斯选集》（第四卷），人民出版社1995年版，第213页。

② ［法］阿尔都塞、巴里巴尔：《读〈资本论〉》，中央编译出版社2008年版，第24页。

> （1）撇开历史的进程，把宗教感情固定为独立的东西，并假定有一种抽象的——孤立的——人的个体；
>
> （2）因此，本质只能被理解为“类”，理解为一种内在的、无声的、把许多个人自然地联系起来的普遍性。[①]

这里牵涉两个重要的概念：“人的本质”“社会关系的总和”。对这两个概念的理解直接决定着对马克思实践思想的把握。但是，“人的本质”怎么可能是“社会关系的总和”？“社会关系的总和”究竟是什么意思？

在西方传统哲学中，“人”这个概念是超历史的存在，是对无数相互差异的具体的个人的抽象；而“本质”则是与“现象”相对的一个概念，指的是某物之所是，即内在于某事物，同质地、均匀地存在于该类事物的每一个体之中、并决定着该事物的外部现象及其属性的某种内核。本质总是从事物本身、从事物的内在性中得以规定，并从而得以认知和把握。如亚里士多德在《形而上学》中对人的论断，“求知是人类的本性”[②]，从理性的角度将人与动物做了区分，即是指每一个个体的人都具有运用理性获取知识这一内在固有的属性。因此，在传统哲学中，“人的本质”如同马克思所批评的，总是“单个人所固有的抽象物”，是超历史的、永恒的。

但马克思对“人的本质”的回答却是“社会关系的总和”。毫无疑问，社会关系总是外在于人的，是处于历史之中并随着时代、历史的发展而不断变化的。那么，怎么能用这样一个历史概念去规定超历史的“人的本质”呢？

问题就在于对“人的本质”的理解。在马克思看来，对人的规定（人的本质）不应从人本身入手，不应从孤立的、抽象的个体入手，而应从人所置身于其中的社会关系出发。因为正是在社会关系之中，人才

---

① 《马克思恩格斯选集》（第一卷），人民出版社 1995 年版，第 56 页。

② ［古希腊］亚里士多德：《形而上学》，吴寿彭译，商务印书馆 1959 年版，第 1 页。

得以历史性地生成。恰恰是社会关系构成了人的整个生活世界，制约着人的思想、情感与行动，是人在历史中的具体展开。正如马克思所说，“五官感觉的形成是以往全部世界史的产物”①。很显然，马克思在这里赋予了“人的本质”以完全不同的意义，毋宁说，马克思的回答事实上已超出了以往哲学的问题域。正是在这一点上，马克思的思想与20世纪的存在论思想有着相互融通的可能。在《存在与时间》之中，海德格尔将人（Dasein）的生存理解为“在—世界—之中—存在”（In-der-Welt-Sein），其理论趋向与马克思的思想不无共通之处。当然，马克思是通过对以往哲学，尤其是费尔巴哈思想的批判提出并思考了这一问题，因而理解这一问题，就成为理解马克思这一论断的关键。

显然，要理解这一问题仅仅着眼于《关于费尔巴哈的提纲》那谜一样的句子是远远不够的。我们必须结合马克思的其他著作，随着马克思思想的进一步发展来把握这一问题。

在《德意志意识形态》中，尽管马克思的理论出发点仍是“人”，但已不是抽象的个人。在那里，马克思从物质生产发展的角度探讨了人的历史性生成的问题，即探讨了人的各种生产关系、社会关系的产生及其对人产生的规定性影响。我们有理由认为，这一思想恰恰是对“一切社会关系的总和”这一思想的进一步规定与深化。值得注意的是，马克思在这部著作中，已较少使用“人”这个抽象概念，而更多地代之以“个人”“人们”等术语。而且，几乎每次提到“人”“个人”，马克思都要不厌其烦地加以补充，其所说的个人，是处于一定的物质生产活动中的现实的个人，即“事情是这样的：以一定的方式进行生产活动的一定的个人，发生一定的社会关系和政治关系。……但是，这里所说的个人不是他们自己或别人想象中的那种个人，而是现实中的个人，也就是说，这些个人是从事活动的，进行物质生产的，因而是在一

① ［德］马克思：《1844年经济学—哲学手稿》，刘丕坤译，人民出版社1979年版，第79页。

定的物质的、不受他们任意支配的界限、前提和条件下活动着的"①。这一补充绝非偶然。在这里马克思事实上是在努力把"从前的哲学信仰清算一下"②，并开始使用自己的理论术语（尽管还不严格）如交往形式、交往关系等，以使自己的思想得到更为清晰严谨的表述。这时，尽管马克思仍然在谈论个人，但他看到个人总是处于某种社会关系结构之中，并从这种结构获得自身的意义。具体来说，正是生产力的发展及由这种发展带来的分工及交往形式决定着个人的定位，因此马克思才会说，以一定的方式进行生产活动的一定的个人，总是会发生一定的社会关系和政治关系，这些构成了关于人的各种思想的基础。"每个个人和每一代所遇到的现成的东西：生产力、资金和社会交往形式的总和，是哲学家们想象为'实体'和'人的本质'的东西的现实基础，是他们神化了的并与之斗争的东西的现实基础。"③ 正是在人的生产活动、社会交往的基础上形成了各种社会关系，这些关系构成了复杂的整体。个人、人类就在这个整体中被加以规定，并形成自己的历史。"由此可见，一开始就表明了人们之间是有物质联系的。这种联系是由需要和生产方式决定的，它和人本身有同样长久的历史；这种联系不断采取新的形式，因而就表现为'历史'，它不需要有专门把人们联合起来的任何政治的或宗教的呓语。"④ 因此，对人、人类历史的理解也只有将其还原到需要和生产方式的历史性变化之中，才能给予准确的解释。这一思想无疑极大地拓展了对人的理解，充分注意到人的存在的社会性、历史性内涵，并由此开启出一个全新的理论方向。

在1848年的《共产党宣言》中，马克思开始运用自己的概念分析资本主义曾经起到的历史进步作用，并在生产力发展的基础上揭示了资产阶级与无产阶级的深刻对立，以及资本主义必然走向灭亡的历史趋势。恩格斯曾简明概括了《共产党宣言》中马克思的基本思想，"构成

① 《马克思恩格斯选集》（第一卷），人民出版社1995年版，第71—72页。

② 《马克思恩格斯选集》（第二卷），人民出版社1995年版，第34页。

③ 《马克思恩格斯选集》（第一卷），人民出版社1995年版，第92—93页。

④ 同上书，第81页。

《宣言》核心的基本思想是属于马克思的。这个思想就是：每一历史时代主要的经济生产方式和交换方式以及必然由此产生的社会结构，是该时代政治的和精神的历史所赖以确立的基础，并且只有从这一基础出发，这一历史才能得到说明”①。这一思想显然突出了人类存在的社会历史维度，并从历史发展的总体趋势之中理解和把握各个具体现象。到了1859年《〈政治经济学批判〉序言》，马克思明确提出了社会形态演进的理论。“人们在自己生活的社会生产中发生一定的、必然的、不以他们的意志为转移的关系，即同他们的物质生产力的一定发展阶段相适应的生产关系。这些生产关系的总和构成社会的经济结构，即有法律的和政治的上层建筑竖立其上并有一定的社会意识形式与之相适应的现实基础。物质生活的生产方式制约着整个社会生活、政治生活和精神生活的过程。不是人们的意识决定人们的存在，相反，是人们的社会存在决定人们的意识。社会的物质生产力发展到一定阶段，便同它们一直在其中运动的现存生产关系或财产关系（这只是生产关系的法律用语）发生矛盾。于是这些关系便由生产力的发展形式变成生产力的桎梏。那时社会革命的时代就到来了。随着经济基础的变更，全部庞大的上层建筑也或慢或快地发生变革。”② 在这里，生产力与生产关系、经济基础与上层建筑的矛盾运动推动着人类社会的演进，由此形成了人类社会的历史发展轨迹。这里不再有“人的本质”“社会关系的总和”这些抽象、笼统的概念，马克思已经能够用经济基础、上层建筑、生产力、生产关系这些属于自己的概念表达属于自己的思想。

在《资本论》中，马克思对资本主义制度进行了深入细致的分析，通过资本主义的生产关系揭示了资本家与工人的相互敌对状态及二者之间的阶级斗争。正是由于在生产关系中各自所占据的不同地位及由此形成的一系列不同的社会关系，产生了资本家与工人之间的尖锐矛盾及不可调和的阶级斗争。这种斗争必然突破资本主义制度的囿限，促使资本

① 《马克思恩格斯选集》（第一卷），人民出版社1995年版，第257页。

② 《马克思恩格斯选集》（第二卷），人民出版社1995年版，第32—33页。

主义走向灭亡。这实际上可以看作是对《〈政治经济学批判〉序言》中的思想的运用及具体化。

通过以上对马克思一系列著作的考察，可以看出，马克思思考的中心恰恰是人类历史的问题，如阿尔都塞所说，马克思建立了“历史学大陆”，而其核心则是实践。马克思所着力思考的是在实践活动基础上人类社会的产生、发展演进的规律及其未来走向的问题。早在《德意志意识形态》中，马克思就提出了这一思想，“我们仅仅知道一门唯一的科学，即历史科学。历史可以从两方面来考察，可以把它划分为自然史和人类史。但这两方面是不可分割的；只要有人存在，自然史和人类史就彼此相互制约。自然史，即所谓自然科学，我们在这里不谈；我们需要深入研究的是人类史”①。马克思晚年研究人类学，写出了《人类学笔记》《历史学笔记》绝非偶然，可以说，对人类社会和人类历史的思考实际上贯穿在他一生的理论思考之中。因此，从这一点出发，我们就可以尝试重新思考《关于费尔巴哈的提纲》第6条中的问题：怎样才能理解和把握人类社会的构成及演进？怎样才能思考社会与人的内在联系及共同生成？这时，人类社会恰恰是人类以生产关系为基础的一切社会关系的结构性总和。马克思在“人”这个概念下所思考的并不是单个的个人，而是处于社会关系、生产关系中的人，是在社会中获得其规定性的人。由此也可以理解第7条“因此，费尔巴哈没有看到，‘宗教感情’本身是社会的产物，而他所分析的抽象的个人，是属于一定的社会形式的”及第10条“旧唯物主义的立脚点是市民社会，新唯物主义的立脚点则是人类社会或社会的人类”。② 马克思在“本质”这个概念下所思考的不是某种神秘的、永恒的、内在的东西，而是从人的社会关系中产生并随这种关系的变化而发生历史性变化的、人的社会规定性。这种规定性必然地同整个人类社会、人类历史联系在一起。费尔巴哈无法对这个现实的本质进行批判，结果只能求助于非历史、非社会的

---

① 《马克思恩格斯选集》（第一卷），人民出版社1995年版，第66页注。

② 同上书，第56、57页。

神秘性。在马克思看来，只有通过人类实践，才能理解社会与人的共同生成，才能破除以往的种种唯心主义神话。因而，《提纲》第8条指出："全部社会生活在本质上是实践的。凡是把理论引向神秘主义的神秘东西，都能在人的实践中以及对这个实践的理解中得到合理的解决。"[①] 作为实践的社会生活构成了理论的最后基础。在《提纲》第3条中，马克思对那种认为人是环境和教育的产物的所谓"唯物主义学说"的批判，也是着眼于人与社会在实践中的历史性生成。事实上，社会关系并不是一个一直固定在那里的静态的存在，人在社会关系中获得根据也并非就体现为简单的"人是环境和教育的产物"。在二者之间存在着更为复杂的关系。人总是在一定的社会关系中进行自己的实践，并在实践中构成并发展起各种社会关系。实践在逻辑上是先于社会关系的，马克思从不作起源研究，不去设想处于社会关系之外的"纯粹的人"（这样就会堕入唯心主义幻想）。因而，一方面是人在社会关系中成其为人，获得其存在的根据；另一方面则是社会关系通过人而存在，通过人的实践而得到发展和变化。正如马克思所说，"关于环境和教育起改变作用的唯物主义学说忘记了：环境是由人来改变的，而教育者本人一定是受教育的"。正是着眼于这一点，马克思才进而提出，"环境的改变和人的活动或自我改变的一致，只能被看作是并合理地理解为革命的实践"。[②] 由此也可以理解著名的《提纲》第11条，"哲学家们只是用不同的方式解释世界，问题在于改变世界"[③]。这里马克思不是要去把握某种永恒的、静态的世界，寻找其内在的本质，不是要去解释一个既有的、现成的世界，这些恰恰是以往意识形态的策略。一旦离开了现实的实践活动，哲学将无所作为。因而哲学所要做的就是在实践基础上对世界的改变。所以马克思才会在《提纲》第2条里指出："关于思维——离开实践的思维——的现实性或非现实性的争论，是一个纯粹经

① 《马克思恩格斯选集》（第一卷），人民出版社1995年版，第56页。

② 同上书，第55页。

③ 同上书，第57页。

院哲学的问题。”[①] 在第 4 条中，马克思从这一点出发对费尔巴哈进行了批判，“费尔巴哈是从宗教上的自我异化，从世界被二重化为宗教世界和世俗世界这一事实出发的。他做的工作是把宗教世界归结于它的世俗基础。但是，世俗基础使自己从自身中分离出去，并在云霄中固定为一个独立王国，这只能用这个世俗基础的自我分裂和自我矛盾来说明。因此，对于这个世俗基础本身应当在自身中、从它的矛盾中去理解，并在实践中使之革命化。因此，例如，自从发现神圣家族的秘密在于世俗家庭之后，世俗家庭本身就应当在理论上和实践中被消灭”[②]。马克思所要把握的是一个动态的、发展的世界，寻找这个世界的历史演进规律及其发展的条件与契机，并在人类实践中促成这种条件与契机，从而使“改变世界”成为可能。

因此，社会关系的总和就是人的具体展开，就是实践活动的过程和最终成果。在这里，实践、人、社会关系的总和显然具有理论上的一致性。只有从此出发，才能理解马克思的 11 条《关于费尔巴哈的提纲》，才能理解马克思在哲学史上的理论变革，也才能理解马克思一生的思想轨迹。如阿尔都塞所说：马克思开创了一个理论革命，以新概念代替了旧概念；马克思确立了一个新的总问题，一种系统地向世界提问的新方式，一些新原则和一个新方法。马克思的历史唯物主义不仅提出了关于社会历史的新理论，同时还含蓄地、但又必然地提出一种涉及面无限广阔的“新哲学”。例如，马克思在历史理论中用生产力、生产关系等新概念代替个体和人的本质这个旧套式的同时，实际上提出了一个新的哲学观。

在对实践的理解上，马克思除了从社会关系和社会历史的角度来理解实践之外，还明确地将实践理解为人的感性活动。在《关于费尔巴哈的提纲》第 1 条中，马克思指出，“从前的一切唯物主义（包括费尔巴哈的唯物主义）的主要缺点是：对对象、现实、感性，只是从客体

---

① 《马克思恩格斯选集》（第一卷），人民出版社 1995 年版，第 55 页。

② 同上。

的或者直观的形式去理解，而不是把它们当作感性的人的活动，当作实践去理解"①。马克思从"人的感性活动"的角度来理解实践，那么，实践就绝不仅仅是物质生产活动，而是包括了人的整个人生活动。因此，实践在马克思那里既是社会性、历史性的活动，也是感性的、生存性的活动。更为重要的是，这种作为感性活动的实践显然具有源初性的意义，是人以及人所生存的整个世界得以产生和发展的基础。

这样来看，马克思《关于费尔巴哈的提纲》中的实践观念就具有了重要的理论意义，是理解人的社会性生存的基础性概念。很显然，马克思已经开始将实践与人的存在相联系，并从实践的角度来理解人本身，即把实践理解为人的感性的、对象性的活动，理解为主体现实地改变外部世界同时也改变自身的活动。这样，人与世界的关系、人与人的关系就首先是实践性关系，在这种实践关系的基础上，人才得以现实地生成。正是这一点对于实践存在论美学产生了重要启发。

第二节 《1844 年经济学—哲学手稿》与"美的规律"

《1844 年经济学—哲学手稿》（以下简称《手稿》）对于中国当代美学具有十分重要的意义。正是对于《手稿》的多角度阐发，才形成了美学大讨论以来中国当代美学的基本面貌。实践存在论美学思想的提出同样与《手稿》的思想存在内在的精神联系。本节将聚焦《手稿》中的实践与存在论问题及其对中国当代美学建设的影响，以阐明实践存在论美学得以提出的马克思主义理论基础。

一 《1844 年经济学—哲学手稿》的理论问题

如同马克思的许多其他著作一样，《手稿》在马克思生前并未发表，直到近一个世纪以后（1932 年）才首次公之于世，并引发了西方学者研究《手稿》的热潮，更成为流行于西方的各种"马克思主义"

① 《马克思恩格斯选集》（第一卷），人民出版社 1995 年版，第 54 页。

流派的理论来源之一。可以说，西方对《手稿》的研究与定位远不是一个单纯的关于马克思的思想发展历程的问题，而是关涉对整个马克思思想理论体系的重新理解与把握，关涉对所谓“真正的”马克思的追寻。

不可否认，《手稿》无论是在内容上还是在表述上都与马克思后来的著作存在较大差异，但问题在于如何看待这些差异。简单地把青年马克思与后来的马克思对立起来无疑是不可取的，试图以一个去否定另一个更是极端幼稚的。马歇雷曾指出，“归根到底，通过对思想体系进行研究，人们可以确定它的局限性的存在，因为局限性是作为不可逾越的障碍遇到的；它们就在那里，但是不能使它们说话，要了解思想体系的意义是什么，要表现这种意义，我们必须超越思想体系，从它的外面去了解；我们必须从外面来掌握它，努力给那没有形式的东西提供形式”。[①] 在对《手稿》的研究中，我们也应当将其放回到它所产生的特定历史状况中去，放回到马克思所处的特定历史阶段中去，通过对马克思前后文本的比较，在文本间性中确定《手稿》的地位并对它做出客观评价。从这一思路出发，我们可以通过对《手稿》与马克思的其他著作（《〈黑格尔法哲学批判〉导言》《德意志意识形态》《〈政治经济学批判〉序言》《〈政治经济学批判〉导言》《资本论》等）的比较阅读，探寻马克思思想发展的踪迹，并由此确定《手稿》的成就与局限。

在《手稿》中，马克思首次把哲学和政治经济学结合起来进行研究，展现出崭新的思想风貌。尤其是对“异化”问题的分析，达到了前所未有的理论深度。在具体研究中，马克思首先从政治经济学入手，通过对劳动者、劳动产品的分析，指出了异化劳动现象。之后，围绕关于异化劳动的思考，尤其是围绕着扬弃私有财产，马克思进一步做了哲学上的阐发，并提出了共产主义的思想，最后以对黑格尔哲学的批判结束。从内在理路上来看，马克思注意到资本主义的一个特定经济事实：

① Pierre Macherey, *A Theory of Literary Production*, trans. Geoffrey Wall, London and Boston: Routledge and Kegan Paul, 1978, p. 132.

"劳动者生产的财富越多，他的生产的能力和规模越大，他就越贫穷。劳动者创造的商品越多，他就越是变成廉价的商品。随着实物世界的涨价，人的世界也正比例地落价。劳动不仅生产商品：它还生产作为商品的自己本身和劳动者，而且同它生产一般的商品成正比。"[①] 由此出发，马克思分析了资本主义社会中异化劳动的四种形式，即劳动者同劳动产品的异化、劳动者与劳动过程的异化、劳动者与人的本质的异化、人与人的异化。异化劳动的外化，则产生了私有财产。"总之，劳动者通过异化的、外化的劳动，产生出一个跟劳动不相干的、置身于劳动之外的人同这个劳动的关系。劳动者同劳动的关系，产生出资本家（或者不管人们给雇主起个什么别的名字）跟这同一个劳动的关系。从而，私有财产是外化了的劳动，即劳动者同自然界和自己本身的外在关系的产物、结果和必然归结。"[②] 这样，私有财产就不仅仅是一种经济现象，而是与资本主义社会中劳动者的特定的生存状况和劳动的具体内涵相联系。马克思对私有财产的分析显然已经超越了纯粹的经济学领域，体现出更为深刻的内涵。更为重要的是，这一分析具有某种方法论意义，"正如我们通过分析从异化了的、外化了的劳动得出私有财产这一概念一样，我们也可以借助于这两个要素来阐发国民经济学的一切范畴，而且我们将发现这些范畴中的每一个范畴，例如商业、竞争、资本、货币，不过是这两个基本要素的特定的、充分展开了的表现而已"[③]。可以发现，在资本主义社会中，异化劳动、私有财产使人丧失了人的本性，与自己的本质力量相对立。由此出发，就可以进一步理解和把握资本主义社会中其他一切关系，"因为整个的人类奴役制就包含在劳动者同生产的关系中，而一切奴役性的关系不过是这种关系的各种变形和结果罢了"[④]。而要使人成为人，恢复人的本质力量的丰富性，就必须对

① ［德］马克思：《1844 年经济学—哲学手稿》，刘丕坤译，人民出版社 1979 年版，第 44 页。

② 同上书，第 54 页。

③ 同上书，第 55 页。

④ 同上。

私有财产进而也是对一切异化进行扬弃，也就是说，“私有财产的运动——生产和消费——是以往一切生产的运动的感性表现，也就是说，是人的实现和现实。宗教、家庭、国家、法、道德、科学、艺术等等，都不过是生产的一些特殊的形态，并且受生产的普遍规律的支配。因此，私有财产的积极的扬弃，作为人的生活的确立，是一切异化的积极的扬弃，从而是人从宗教、家庭、国家等等向自己的合乎人的本性的存在亦即社会的存在的复归”①。因此，私有财产就成为解决一切现实问题的基础和关键，一切差异的、彼此区分的、丰富的社会经济现象必须被归结到私有财产之中才能得到解释和理解。这种思维方法与黑格尔的绝对理念的运动有着十分密切的联系，只不过是以异化劳动代替了（神秘的）绝对理念的位置。但问题是，如果一切都需要从私有财产获得解释，那么私有财产本身又需要从哪里获得解释。马克思提到了异化劳动，但马克思在《手稿》中对异化劳动的分析实际上未能获得实质性的突破：即使异化劳动是资本主义社会中一切矛盾的总根源，但异化劳动本身却仍是神秘的、不可知的。异化概念在这里仍是一个形而上学的抽象。在方法上，马克思的确是从“特定的经济事实”出发的，但并未由此回溯到异化劳动的神秘根源，而是把它作为异化劳动的产物。而且，在马克思看来，“私有财产一方面是外化了的劳动的产物，另一方面又是劳动借以外化的手段，是这一外化的实现”②。这里似乎存在着某种理论上的困难：私有财产既是劳动异化的条件，又是异化劳动的产物。

但马克思很快就发现了其中的理论问题，并尝试对其展开进一步的思考。在《德意志意识形态》中，马克思的理论前提就不再是多少显得有些神秘的异化劳动，而“是一些现实的个人，是他们的活动和他们的物质生活条件，包括他们已有的和由他们自己的活动创造出来的物

① ［德］马克思：《1844 年经济学—哲学手稿》，刘丕坤译，人民出版社 1979 年版，第 74 页。

② 同上书，第 54 页。

质生活条件。因此，这些前提可以用纯粹经验的方法来确认”[①]。这里，马克思努力突破思辨的囿限，把自己的研究置于现实的基础之上，创造一种不同于以往思辨哲学的“实证的科学”。因为“在思辨终止的地方，在现实生活面前，正是描述人们实践活动和实际发展过程的真正的实证科学开始的地方”[②]。现实的人和人的现实生活，即现实的实践活动，构成了马克思的理论出发点。在他看来，“我们的出发点是从事实际活动的人，而且从他们的现实生活过程中还可以描绘出这一生活过程在意识形态上的反射和反响的发展。甚至人们头脑中的模糊幻象也是他们的可以通过经验来确认的、与物质前提相联系的物质生活过程的必然升华物。因此，道德、宗教、形而上学和其他意识形态，以及与它们相适应的意识形式便不再保留独立性的外观了。它们没有历史，没有发展，而发展着自己的物质生产和物质交往的人们，在改变自己的这个现实的同时也改变着自己的思维和思维的产物。不是意识决定生活，而是生活决定意识”[③]。一切意识形态的东西必须回到其得以产生的现实活动之中才能得以理解。意识作为现实的派生物，完全没有自己的独立性，因此它们“没有历史，没有发展”。只要把握了现实，当然地也就把握了现实的各种派生物。这里实际上也存在着某种简单决定论或还原论的危险，这也成为后来马克思的思想被简化为“经济决定论”的理论渊源，这或可理解为是出于一种斗争策略上的考虑。对此恩格斯有着清醒认识。[④] 事实上，在《德意志意识形态》时期，马克思和恩格斯还未形成自己成熟的社会历史形态理论，因而也无法从社会发展的宏观背

---

① 《马克思恩格斯选集》（第一卷），人民出版社 1995 年版，第 67 页。

② 同上书，第 73 页。

③ 同上。

④ 恩格斯在 1890 年致布洛赫的信中指出，“根据唯物史观，历史过程中的决定性因素归根到底是现实生活的生产和再生产。无论马克思或我都从来没有肯定过比这更多的东西。如果有人在这里加以歪曲，说经济因素是唯一决定性的因素，那么他就是把这个命题变成毫无内容的、抽象的、荒诞无稽的空话。”“青年们有时过分看重经济方面，这有一部分是马克思和我应当负责的。我们在反驳我们的论敌时，常常不得不强调被他们否认的主要原则，并且不是始终都有时间、地点和机会来给其他参与交互作用的因素以应有的重视。”（《马克思恩格斯选集》（第四卷），人民出版社 1995 年版，第 695—696、698 页。）

景中把握社会各要素之间更为复杂的交互关系。这一问题在马克思后来的理论发展过程之中得到进一步完善。在《〈政治经济学批判〉序言》中马克思提出了社会结构及社会形态发展的思想，即“人们在自己生活的社会生产中发生一定的、必然的、不以他们的意志为转移的关系，即同他们的物质生产力的一定发展阶段相适合的生产关系。这些生产关系的总和构成社会的经济结构，即有法律的和政治的上层建筑竖立其上并有一定的社会意识形式与之相适应的现实基础”[①]。同时，人类社会发展的决定力量是物质生活的生产方式，社会历史发展的动力是生产力和生产关系的矛盾。这些观点构成了马克思唯物史观的基本原理。在《〈政治经济学批判〉导言》中，马克思注意到了上层建筑对于经济基础的相对独立性，提出了物质生产的发展同艺术生产的不平衡关系的问题，即“关于艺术，大家知道，它的一定的繁盛时期决不是同社会的一般发展成比例的，因而也决不是同仿佛是社会组织的骨骼的物质基础的一般发展成比例的”[②]。很显然，在马克思看来，物质生产的发展不能简单涵盖上层建筑诸形式的发展，二者不可还原、不可化约，存在着某种复杂的交互作用。这里，还原论的思想得以扬弃，创造出完全不同于黑格尔辩证法的崭新的辩证思想，即矛盾的“多元决定”的思想。

回到《手稿》，马克思已经设想了对私有财产的积极的扬弃，即人的丰富性的充分实现，也就是共产主义。这里，出现了一个重要概念——人。正是着眼于这一概念，西方学者给予《手稿》以极高的评价，如出版《手稿》的第一个德文版本的朗兹胡特和迈耶尔就认为《手稿》是“真正的马克思主义的启示录”[③]，比利时学者亨·德曼认为《手稿》“比马克思的其他任何著作都更清楚得多地揭示了隐藏在他的社会主义信念背后，隐藏在他一生的全部科学创作的价值判断背后的伦

① 《马克思恩格斯选集》（第二卷），人民出版社1995年版，第32页。

② 同上书，第28页。

③ 转引自杨适《马克思〈经济学—哲学手稿〉述评》，人民出版社1982年版，第3页。

理的、人道主义的动机”①，并从中引申出所谓“人道主义的马克思”，将之作为“马克思成就的顶峰”②，以此贬低甚至否定后来马克思的思想发展。

不可否认，马克思在《手稿》中的有关论述的确为所谓“人道主义的马克思”提供了某些理论基础。在《手稿》中，马克思主要是从哲学角度对“人”的问题进行了思考。由于与政治经济学相结合，马克思看到了“私有财产”与人的异化之间的内在关联，提出了对私有财产进行扬弃的思想。但如前所述，这时的“异化”概念仍带有某种神秘性。作为这一扬弃的结果的共产主义，仍是十分模糊的，只是被简单地归结为所谓“通过人并且为了人而对人的本质的真正占有”③，“意味着一切属人的感觉和特性的彻底解放”④。但这里“人”“人的本质”等概念无疑仍是十分抽象的，因此“共产主义”也完全没有其内在具体的规定性，更多的是作为一种对资本主义异化现实进行否定的理论出口。只有在现实生活，即人的历史性实践的基础上，异化、私有财产、共产主义这些概念才能获得其具体内涵，这在后来马克思的思想发展之中才逐步得以实现。

二 《手稿》与马克思的实践观念

《手稿》中的一个重要问题就是“美的规律”。关于《手稿》中美的规律问题的研究一直是马克思主义美学研究中的一个重要问题。中华人民共和国成立以来，学界曾有多次围绕《手稿》及美的规律的讨论，提出了一系列有价值的理论观点，极大地推进了中国马克思主义美学研究及当代美学的发展。可以说，美的规律是马克思主义美学研究中的一

① 中央编译局编：《〈1844年经济学哲学手稿〉研究（文集）》，湖南人民出版社1983年版，第348页。

② 同上书，第374页。

③ ［德］马克思：《1844年经济学—哲学手稿》，刘丕坤译，人民出版社1979年版，第73页。

④ 同上书，第78页。

个常论常新的理论生发点，对美的规律的理解在某种程度上表征着对整个马克思美学思想的理解。

如上所述，实践观念在《手稿》乃至整个马克思思想体系中占有重要地位，因而对于理解马克思美学思想也具有基础性地位。实践存在论美学力图在现代存在论的理论视野之中，坚持实践概念的基础性地位，超越主客二分的思维模式和认识论的理论框架，重构美学思想体系。因此，对实践概念的理解就成为理论的关键所在。从这一思想出发，我们可以以实践概念为切入点，从存在论的视角重新审视美的规律，探察马克思美学思想中所蕴含的存在论维度，由此可以揭示实践存在论美学的马克思主义理论属性及其当代意义。必须说明的是，这一解读并不是将存在论观念与美的规律进行外在拼接，而是尝试通过现象学的方法考察美的规律思想自身所蕴含的存在论维度。因此，这一研究从本质上是来自于美的规律“事情本身”的召唤和指引。

实践，作为人的具有感性世界的感性活动，在马克思的思想中具有核心地位。马克思始终是从人的现实的实践活动来规定人、理解人的。实践不仅使人成为人，更使世界成为世界，也就是说，使人成为真正世界性的存在（Weltlich Sein）。正是在实践的不断展开中，人和整个世界才得以现实地生成。因而，“实践”，在马克思那里，就具有了某种源初性的内涵。在《关于费尔巴哈的提纲》中，马克思在第1条就明确指出，“从前的一切唯物主义——包括费尔巴哈的唯物主义——的主要缺点是：对对象、现实、感性，只是从客体的或者直观的形式去理解，而不是把它们当作人的感性活动，当作实践去理解”[①]，也就是说，“对象、现实、感性”不能看作是外在于人、与人无关的存在物，而必须放在人的实践活动之中、作为实践本身来理解，这是马克思区别于旧唯物主义的根本之点。在第5条中，马克思进一步指出，“费尔巴哈不满意抽象的思维而喜欢直观；但是他把感性不是看作实践的、人的感性的

① 《马克思恩格斯选集》（第一卷），人民出版社1995年版，第16页。

活动”。[①] 很显然，马克思在这里明确地把实践定义为“人的感性活动”，这种感性活动并不是孤立的、封闭的，而是和人的感性、和人的整个社会生活结合在一起，因此，马克思才会说，“全部社会生活在本质上是实践的”。[②] 从历史唯物主义的观点来看，作为感性活动的实践是历史性地展开的，在其中形成了人的全部的丰富性，甚至人本身也只有在这种实践活动之中才能现实地生成，“五官感觉的形成是以往全部世界史的产物”[③]。正是在实践活动之中，人之感觉才能变成人的感觉，世界才能成为人的世界，由此人也才能作为真正世界性的存在现身。[④] 因此，实践的展开过程就是人本身和人的整个世界不断生成、丰富和完善的过程，是对人本身不断确证的过程。在这一意义上，马克思在《手稿》中才会指出，“工业的历史和工业的已经产生的对象性的存在，是人的本质力量的打开了的书本，是感性地摆在我们面前的、人的心理学”[⑤]，人与感性世界的关系就不是外在的、静止的、现成的，而是在实践活动中不断建构起来的、源初的联系。

因此，马克思的“实践”并不仅仅指物质生产活动，而是当下现实的、感性的活动。这种感性活动体现着人类实践的历史成果，无疑具有群体性、历史性的内涵。[⑥] 但同时不可忽视的是，作为当下现实的、具体的实践，这种感性活动同样应当体现在个人的层面上，具有个体性的内涵。在《德意志意识形态》中，马克思就批评费尔巴哈“从来没

---

① 《马克思恩格斯选集》（第一卷），人民出版社 1995 年版，第 56 页。

② 同上。

③ ［德］马克思：《1844 年经济学—哲学手稿》，刘丕坤译，人民出版社 1979 年版，第 79 页。

④ 在《德意志意识形态》中，马克思详细论述了在实践的历史性展开过程中，人和人的社会生活的具体生成和发展，这体现出马克思从实践来理解人的世界性存在的崭新视角。

⑤ ［德］马克思：《1844 年经济学—哲学手稿》，刘丕坤译，人民出版社 1979 年版，第 80 页。

⑥ 海德格尔高度评价马克思思想的历史性维度，认为“因为马克思在体会到异化的时候深入到历史的本质性的一度中去了，所以马克思主义关于历史的观点比其余的历史学优越。……在此一度中才有可能有资格和马克思主义交谈”。（《海德格尔选集》，上海三联书店 1996 年版，第 383 页）。

有把感性世界理解为构成这一世界的个人的全部活生生的感性活动"①，并认为，"在控制了自己的生存条件和社会全体成员的生存条件的革命无产者的共同体中"，"各个人都是作为个人参加的。它是各个人的这样一种联合（自然是以当时发达的生产力为前提的），这种联合把个人的自由发展和运动的条件置于他们的控制之下"。② 这种个人的联合起来的共同体的思想在后来的《共产党宣言》《资本论》中均有延续，而那种和个人相对立的共同体则被马克思称为"虚假的共同体"。因此，毋宁说，正是在"实践"的具体地展开过程之中，人（个体的和群体的、当下的和历史的）才得以不断地生成。在实践活动中，人拥有了自己全部的世界和历史，并在此基础上以当下的实践不断创造未来。这样看来，人并不是一个固定的、一劳永逸的存在，而是在实践活动中不断地成为自身、创造自身、确证自身的世界性存在。这样，实践就成为一个使人和整个感性世界得以生成的"境域"，它超越了传统主客二分的二元对立，而是使这二者成为可能的源初"境域"。很显然，这一"境域"体现出非对象性、非形而上学化的存在论内涵。后面我们会看到，马克思实践观念的存在论内涵对于当代美学研究所具有的深刻影响。

马克思实践观念中所蕴含的存在论思想在20世纪开始受到学界重视，实际上，海德格尔对此有着清醒认识，"马克思以他的方式颠倒了黑格尔的观念论，这样他就要求给予存在先于意识的优先地位。……对于马克思来说，存在就是生产过程。这个想法是马克思从形而上学那里，从黑格尔的把生命解释为过程那里接受来的。生产之实践性概念只能立足在一种源于形而上学的存在概念上"③。也就是说，作为生产的实践本身就是一种源初的存在方式。由此我们可以进入对马克思美的规律中生产观念的存在论探讨。

---

① 《马克思恩格斯选集》（第一卷），人民出版社1995年版，第78页。

② 同上书，第121页。

③ ［法］费迪耶等辑录：《晚期海德格尔的三天讨论班纪要》，丁耘译，《哲学译丛》2001年第3期。

三 《手稿》中“美的规律”的存在论维度

生产是《手稿》中一个重要概念，其中包含着对人的深刻理解。马克思在《手稿》中比较了人的生产与动物的生产，提出了人的生产的四重规定，在此基础上提出“美的规律”问题，展现出“美的规律”中所包含的存在论维度。

1. 生产与人的存在

马克思对美的规律的探讨植根于马克思对生产、实践的理解。在马克思看来，劳动、生产、实践活动是人改造外部自然使之成为属人自然的活动，是有意识、有目的地实际创造一个对象世界的活动，它是人的存在的展开形式，因而本身就具有存在论的意味，是人之为人的体现。“有意识的生活活动直接把人跟动物的生命活动区别开来。正是仅仅由于这个缘故，人是类的存在物。换言之，正是由于他是类的存在物，也就是说，他本身的生活对他说来才是对象。正是由于这个缘故，他的活动才是自由的活动”，因而，“自由自觉的活动恰恰就是人的类的特性”。人的活动是自由自觉的活动，这构成了人之为人的特性，也是人与动物的基本区别。马克思由此提出了他对人的生产的四重规定：

> 动物的生产是片面的，而人的生产则是全面的；动物只是在直接的肉体需要的支配下生产，而人则甚至摆脱肉体的需要进行生产，并且只有在他摆脱了这种需要时才真正地进行生产；动物只生产自己本身，而人则再生产整个自然界；动物的产品直接同它的肉体相联系，而人则自由地与自己的产品相对立。①

值得注意的是，马克思对生产的规定是在人与动物的对比中做出的，这一方法使得马克思的生产概念从一开始就具有了明确的指向性，也就是说，它是人之为人的规定性，是对人的存在的言说。因而这里的

① ［德］马克思：《1844年经济学—哲学手稿》，人民出版社1979年版，第50页。

生产是存在论意义上的实践活动，而不仅仅局限于一般所认为的物质生产。这种生产具体是从四个方面展开的：

首先，人的生产是全面的。“人以一种全面的方式，也就是说，作为一个完整的人，把自己的全面的本质据为己有”①。在实践活动之中，人的感觉发展出了“全部的丰富性”，人就用自己全部的本质力量去占有对象，突破了动物式感觉的狭隘性。而对对象的占有实际上是对自身的占有和确证，因而生产的全面性同时指称着人的存在的全面性和完整性。

其次，人的生产摆脱了肉体的直接需要。肉体的需要表征着人与世界之间的简单的、单一的动物式联系，而人之为人却在于人能够同世界建立起丰富多样的联系。动物的需要受其本身物种的限制，只是肉体的需要，即维持其肉体生存的需要。人的实践则能够摆脱直接肉体需要的狭隘性，而且，只有当人能够摆脱肉体的需要的时候，才真正地作为人存在。因为只有这时，人才能够以自己的全部的丰富性面对世界，从而体现出人的存在的超越性的内涵。

再次，人的生产再生产整个自然界。这一点具有当然的重要性，因为由此，马克思所理解的人才不是抽象的、孤立的人，而是有着世界性联系的在世生存（In-der-Welt-Sein）的人。“再生产整个自然界”实即创造一个属我的世界，实现“自然的人化”。再生产的自然界就不再是与人无关的客观存在物，而是处于人的实践活动之中、与人有着丰富联系的人化世界。在其中，渗透了人的欢乐与痛苦，愉悦与忧伤。“人就是人的世界”②，“正是通过对对象世界的改造，人才实际上确证自己是类的存在物。这种生产是他的能动的、类的生活”③。对世界的创造恰是人之为人的确证，是人的本质的体现，这使得人的存在具有了创造性的内涵。

最后，人自由地与自己的产品相对立。产品作为人的产品，可以说就是人本身。正是由于人摆脱了生物性的狭隘局限，人才不是片面地、

① ［德］马克思：《1844年经济学—哲学手稿》，人民出版社1979年版，第77页。

② 《马克思恩格斯选集》（第一卷），人民出版社1995年版，第1页。

③ ［德］马克思：《1844年经济学—哲学手稿》，刘丕坤译，人民出版社1979年版，第51页。

有限地与自己的产品相对立。所谓“自由地与自己的产品相对立”，是指人与产品之间的联系不是单一的、片面的、有限的，而是丰富的、全面的、无限的。这种自由的联系以人的存在的丰富性为基础，并言说着人的存在的丰富性。这时，“人不仅在思维中，而且以全部感觉在对象世界中肯定自己”①，这时，“人不仅像在意识中所发生的那样在精神上把自己化分为二，而且通过活动，在实际上把自己化分为二，并且在他所创造的世界中直观自身”②。需要注意的是，马克思在这里提到的“直观自身”不是传统的自上而下的看与被看的关系，毋宁说，直观的双方是对等的、同一的，它表征着一种存在论意义上的交融。直观的可能就蕴含在二者存在论的相关性之中，即实践之中。

可以看到，马克思《手稿》中关于生产的四重规定涉及了人与自身、人与对象、人与世界等多重关系，囊括了人类活动的各个要素，从不同的角度揭示了人的存在的内涵。在此基础上，我们可以进而探讨马克思关于美的规律的思想。

2. “美的规律”

美的规律的提出承接对生产的四重规定而来。在讨论了人的生产的特性之后，马克思接着指出，“……动物只是按照它所属的那个物种的尺度和需要来进行塑造，而人则懂得按照任何物种的尺度来进行生产，并且随时随地都能用内在固有的尺度来衡量对象；所以，人也按照美的规律来塑造”③。

对这段话的解读历来存在诸多争论。在这里，限于篇幅，我们不能详细梳理以往学界对美的规律的研究成果。④ 但是，对美的规律的解读

---

① ［德］马克思：《1844 年经济学—哲学手稿》，刘丕坤译，人民出版社 1979 年版，第 79 页。

② 同上书，第 51 页。

③ ［德］马克思：《1844 年经济学—哲学手稿》，刘丕坤译，人民出版社 1979 年版，第 50—51 页。

④ 关于中华人民共和国成立以来国内学界对马克思《手稿》及美的规律的研究，可参考阎国忠《走出古典——中国当代美学论争述评》（安徽教育出版社 1996 年版）、戴阿宝、李世涛《问题与立场——20 世纪中国美学论争辩》（首都师范大学出版社 2006 年版）、寇鹏程《马克思主义存在根基与实践美学》（苏州大学出版社 2008 年版）中的相关章节。

很显然不能孤立展开，必须在马克思的实践观念以及马克思关于生产的四项规定的基础上进行。如果着眼于上下文语境，可以发现，美的规律的提出实际上可以看作是对生产的四项规定的总体性概括。所谓“人则懂得按照任何物种的尺度来进行生产”，即指生产的前三项规定。动物有固定的尺度，而人的尺度恰恰是无尺度，是能够运用任何物种的尺度，恰恰是自由。这样，人的“按照任何物种的尺度”进行的生产就成为对人的存在的言说，体现出全面性、超越性、创造性的内涵。所谓“随时随地都能用内在固有的尺度来衡量对象”即是指第四项规定“自由地与自己的产品相对立”。需要注意的是，马克思在这里所运用的独特表述——“随时随地”，这一表述暗示我们，人的存在在任何时候都不是抽象的，而是处于具体现实的境况之中的，或者说，是世界性的。根据上文的分析，“内在固有的尺度”实即“自由的尺度”。由于人的在世生存，因此这一尺度本身就蕴含着对象的存在，因而对对象的“衡量”表征的就不是传统的主客体关系，而是一种存在论的相关性。

在这段著名表述的末尾，马克思说，“所以，人也按照美的规律来塑造”。“所以”既是对上文的收束和总结，又是对下文的开启和预示。在这样一个过渡地带，由“所以”所联系的双方彼此之间有了某种交融和互释。因此，美的规律并不是出现在这段表述的末尾，而是融汇在这段表述的每一个词语之中，融汇在马克思的实践观念之中。“运用美的规律来塑造”实际上就是“以人的本性来塑造”，就是实践活动中人的在世生存的开显。这里实际上蕴含着并表征着马克思关于审美与实践同一性的深刻思想。这样，美就内在于实践活动之中，真正的生产也就是美的生产，真正的实践就是美的实践，二者具有本源上的同一性。由此可见，马克思的实践观念本身就具有了美学内涵，实践、美、人的存在三者就构成了动态的统一（同一）关系：实践是人的基本的存在方式，因而人之为人，就是在实践活动中生成和展开的人。这样的人的实践活动本身就是符合美的规律的，就是美的。因此，美的规律即实践的规律、人的存在的规律。

审美内在于人的实践活动之中。如果说实践是人的最基本的存在方式，那么可以说，审美同样是人的存在显现的基本方式。如前所述，人之为人就在于人能摆脱肉体的直接需要，在于人以自己全面的本质力量去占有对象，使对象成为人的对象，而这样的生活就是审美的生活。这样，马克思就把审美与实践统一起来，使美学彻底摆脱了主体与客体、审美与生活相分离的二元论困境。

如上所述，马克思立足于一元化的实践活动，把审美与人的生活、人的现实的存在联系起来。由于马克思的“实践”是一个使人和整个现实的感性世界得以可能的源初“境域”，它包容了人作为人的生存的各个维度。因此，建基于实践基础上的审美也就摆脱了传统美学中的主客二分的困境，成为整一性的、自由的活动。马克思存在论意义上“美的规律”思想通过把美还原到人的实践活动之中，使审美与人的存在、与人的实践活动联系起来，“一举超越了居于唯心主义哲学的核心地位的实践和审美之间的二元论”①。这一点对于美学研究具有重要的理论意义。

首先，它告诉我们，审美并不是外在于生活的，从根本上来说，审美就存在于生活实践之中。审美就是生活，二者具有存在论的相关性。我们永远无法脱离生活来理解审美，或者脱离审美来理解生活。脱离生活的审美是空洞的，脱离审美的生活是贫乏的，二者都不足以言说人的存在本身。因此，对美的理解始终应该以人的存在为基本视野。

其次，审美对象不是外在于人、与人无关的现成的客观存在物，而是在人的实践活动中现实地生成的。审美对象是在实践活动中与作为审美主体的人同时生成的，而且，随着实践活动的不断展开，审美主体与审美对象也会不断丰富和发展。因此，二者就不是静止的现成存在。实践的开放性使得审美，连同审美主体与审美对象都处于动态生成的过程之中。

再次，审美活动是存在性的，是人的本真的存在方式，这样就在人

① ［英］伊格尔顿：《美学意识形态》，王杰、傅德根、麦永雄译，广西师范大学出版社1997年版，第195页。

的在世生存中凸显出审美的意义。沿着这一思路，当代美学可以尝试在存在论的基点上超越传统主客二分的思维模式和认识论的理论框架，把美与人生实践更为紧密地联系起来，重新思考审美的存在方式和美学的学科形态，为进一步推进当前中国美学的发展进行有益探索。[①] 由此也可以彰显出马克思“美的规律”乃至整个马克思美学思想所具有的巨大的理论潜力及在当代美学发展过程中所具有的现实意义。

可以看到，马克思关于“美的规律”的思想与20世纪存在论思想在理论上存在相互融通的可能，并对中国当代美学研究产生了重要影响。实践存在论美学的提出实际上已经尝试运用马克思“美的规律”的存在论维度来更新当前的美学研究，并取得了一批重要的研究成果，为思考当代中国美学的发展开辟出一条颇有价值的思路。[②]

不可否认，由于传统的实践美学囿于认识论的理论框架、陷于主客二分的思维模式，并且把实践仅仅理解为物质生产实践，从而忽视了实践概念本身所具有的丰富内涵，无法准确地把握和解释审美现象。针对这些问题，实践存在论美学在坚持实践概念的基础性地位的前提下，从人生实践的角度理解实践概念的丰富内涵，力图在现代存在论的理论视野中超越主客二分的思维模式和认识论的理论框架，把美与人生实践紧密联系起来，为进一步推进当前中国美学的发展进行了有益的尝试。

实践存在论美学认为，马克思“始终从实践出发审视人的存在，强调实践对人的存在的生成建构作用和人在实践中的能动作用”[③]。因而，实践就构成了人的基本的存在方式。这样，实践存在论美学一方面强调要回到马克思，坚持实践美学的历史唯物主义基点，恢复“实践”的

---

① 朱立元先生在国内努力倡导的“实践存在论美学”，实际上已经在这一方面进行了有益的探索，并取得了一批重要的研究成果，为思考当代中国美学的发展开辟出一条很有价值的思路。具体可参见朱立元《走向实践存在论美学》（苏州大学出版社2008年版）、朱立元主编：《美学》（修订版）（高等教育出版社2006年版）及相关论文。

② 具体可参见朱立元《走向实践存在论美学》（苏州大学出版社2008年版）、朱立元主编：《美学》（修订版）（高等教育出版社2006年版）、《西方美学范畴史》（山西教育出版社2006年版）及相关论文。

③ 朱立元：《走向实践存在论美学》，苏州大学出版社2008年版，第276页。

感性活动的本义和丰富内涵，使之成为审美活动的基础，同种种后实践美学划清界限；另一方面强调应注意马克思“实践”概念的存在论维度，建立起“实践”的在世结构，以避免传统实践美学把“实践”概念形而上学化的做法，从而使“实践”成为人的本真的存在方式，成为审美活动得以开启和展开的一个源初“境域”，这样就能够以“实践”概念为契机开启出崭新的理论视域和话语空间。因此，立足于一元化的存在论的实践活动，实践存在论美学把审美与人的生活、人的现实存在联系起来，使审美摆脱了传统实践美学中主客二分的困境，成为整一性的、自由的活动。

在方法上，实践存在论美学力图沟通“实践”与“存在”两个概念，以一元性的审美活动为起点，建构起整个美学思想体系。同时，这种审美活动又是存在性的，是人的本真的存在方式，这样就把审美与人的存在、与人的实践活动联系起来，在人的在世生存（In-der-Welt-sein）中凸显出审美的意义。沿着这一思路，实践存在论美学提出了一系列颇有新意的美学命题：“美是生成的而不是现成的”“审美活动是一种基本的人生实践”“广义的美是一种人生境界”，等等，并以此为主旨，从审美活动出发，建立起一个包括“审美形态论”“审美经验论”“艺术审美论”和“审美教育论”的较为完整的、动态生成的理论体系。①

可以看到，马克思“美的规律”中所反映出的审美与人的存在的内在关联对于美学研究具有重要意义。在此基础上，当代美学完全可以尝试在存在论的基点上超越传统主客二分的思维模式和认识论的理论框架，把美与人生实践紧密联系起来，重新思考审美的存在方式和美学的学科形态，为进一步推进当前中国美学的发展进行有益探索，由此也可以彰显出马克思“美的规律”乃至整个马克思美学思想所具有的巨大的理论潜力及在当代所具有的现实意义。在这方面，实践存在论美学的思路或许可以给我们一些启发。

---

① 参见朱立元主编《美学》（修订版），高等教育出版社2006年版。

第三节　《1844年经济学—哲学手稿》与中国当代美学理论创新

马克思的《手稿》对中国当代美学发展具有重要影响。《手稿》在20世纪50年代就已被引入国内，但当时并未受到普遍重视。到了1979年重新翻译后，才在中国理论界产生了重大影响。历史地看，《手稿》在当时契合了新时期寻求思想解放的社会心理，同时也给当时的思想解放运动提供了重要的理论资源，极大地推进了中国当代思想的发展。当然，对中国当代美学的发展也产生了重要而深远影响。

在中国当代美学发展过程之中，关于《手稿》的研究和讨论是一个重要论题。当时的讨论主要围绕《手稿》中美学思想的定位、"美的规律""异化劳动能不能创造美""如何理解自然美"等问题展开。今天来看，尽管这些讨论由于时代的局限，在理论上还存在着各种各样的不足，但在当时却极大地拓展和深化了人们对美学的理解和思考，无疑具有思想解放的重要意义。可以说，当代中国美学的几个主要派别几乎都从《手稿》中吸取了各自所需的理论资源，用以阐明和论证自己的美学思想，建构自己的美学体系。其间涉及对马克思主义美学的理解，涉及美学基本理论的重新思考，也涉及对具体审美形态的理解和阐释，从而体现出《手稿》在推动当代中国美学发展过程中的积极作用。

蒋孔阳是中国当代美学的代表人物之一，20世纪50年代就参与到当时的美学大讨论之中，新时期以来更保持开放的理论姿态，不断发展自己的美学思想，在中国当代美学发展过程中产生了重要影响。《美学新论》是蒋孔阳积数十年之功完成的一部重要著作，体现了作者系统性的美学思想。其中既吸收了从古希腊到20世纪西方美学的多种思想资源，同时也借鉴了中国传统和当代的美学思想，体现出作者开放、包容的理论态度。其中，《手稿》在作者整个美学思想体系建构中发挥着基础性作用，是形成作者美学观点的重要理论资源，也是作者马克思主义美学观的重要体现。

蒋孔阳《美学新论》中已经体现出存在论思想的内涵，并对实践存在论美学的提出产生了积极影响。[①] 本节从《美学新论》出发，着重从审美关系、美的命题、美感三个方面探讨《手稿》对《美学新论》美学思想体系建构的基础性作用，同时以此为个案彰显出《手稿》所蕴含的深厚的理论潜力及其对中国当代美学理论创新和思想体系建构所具有的重要意义。在此背景之中，也可以进一步明确实践存在论美学与《手稿》的精神关联及其马克思主义美学的理论属性。

一 《美学新论》的审美关系论

作为一部经济学哲学文本，《手稿》对美学研究的意义首先就体现在其作为理论基础的奠基性作用之中。中国当代不同的美学思想体系均从《手稿》中发现了适合于自己的理论资源，也由此体现出彼此之间的差异。具体来看，《手稿》中对人的异化的思考、对人的自由的肯定，以及把人类劳动或实践放到基础性的地位，这些在中国20世纪80年代特定的语境中无疑具有拨云见日的力量，也给当时的美学思考提供了重要启发。当时，不同的美学思想均以此为基点建构自身的美学体系。如朱光潜就认为《手稿》“对学习马克思主义美学是必不可少的”[②]，并强调人道主义与自然主义相统一是贯穿《手稿》的一条红线，这也构成了朱光潜“主客观相统一”美学思想的内在理据。高尔泰则高度赞赏《手稿》中美是“人的本质的对象化”的观点，认为这一观点充满现代精神，为美学研究指出了正确的道路。而且正是在《手稿》的启发下，明确提出“人的本质是自由”的基本观点[③]，并由此展开其关于“美是自由的象征”的美学思考。在《美学新论》中，蒋孔阳对《手稿》做出了自己的解读，并将美学研究的出发点确定为“人对现实的审美关系”。

从关系的角度来思考美学问题，这一思路在西方有其历史渊源，最

① 朱立元：《寻找存在论的根基——蒋孔阳美学思想新论探之二》，《学术月刊》2003年第12期。

② 朱光潜：《谈美书简》，长江文艺出版社2008年版，第183页。

③ 高尔泰：《美是自由的象征》，人民文学出版社1986年版，第12页。

早可以追溯到古希腊的毕达哥拉斯。毕达哥拉斯将美规定为“数的和谐”，因此可以用数字和比例关系来创造和理解各种各样美的现象。但明确地将关系作为美学研究的理论基础，提出“美在关系”的思想，并由此系统地阐发美学问题的，则是法国的狄德罗。狄德罗以关系为中心的美学思想在西方美学史中具有重要意义。蒋孔阳同样十分重视关系这一概念，但他显然不是在狄德罗的意义上来理解“关系”这一概念。《美学新论》对狄德罗“美在关系”的思想进行了细致分析。在蒋孔阳看来，狄德罗的这一思想“不仅还比较抽象，比较笼统，而且他始终处于摸索的阶段，始终没有讲得十分清楚”[①]。而正是由于立足于马克思主义的思想，尤其是《手稿》的思想，蒋孔阳对关系这一概念形成了完全不同的理解，并从关系的角度来展开自己的美学思考。

蒋孔阳认为，“马克思划时代的意义，就在于他不仅把人与自然统一起来研究，而且从人与自然的关系中全面地来研究人”[②]。而对于关系的分析，也应当立足于人，从主体、客体两个方面展开。

具体来说，作为关系的主体，人具有自然性与物质性、社会性与精神性以及历史性等三个方面的规定性，人就是在关系之中产生和发展起来的。这一思想源于蒋孔阳对《手稿》的细致解读。在《手稿》之中，马克思一方面强调了人的自然存在，人本身“就是自然”。但同时又强调了人是一种有意识的“类的存在物”，能够“摆脱肉体的需要进行生产”。[③] 作为“类的存在物”，人具有社会性的属性。而“摆脱肉体的需要”，则显现出人的精神性与自由。同时，《手稿》中对人的历史性的强调，也构成了《美学新论》对关系理解的重要线索。

从客体的角度来看，作为关系的客体即客观现实。从《手稿》中的实践观点出发，这种客观现实无疑具有主体的色彩和痕迹，既包括自然界的存在，也包括人的各种劳动成果、各种社会现象以及各种精神创

---

① 蒋孔阳：《美学新论》，人民文学出版社 1993 年版，第 93 页。

② 同上书，第 4 页。

③ ［德］马克思：《1844 年经济学—哲学手稿》，刘丕坤译，人民出版社 1979 年版，第 50 页。

造，等等。

进一步来说，主体和客体之间可以形成各种各样的关系，而人对现实的审美关系就是其中一种。这一关系是在实践活动的基础上，在人类的感觉能力不断丰富、客观现实不断扩大、从而人对现实的关系不断复杂化、细致化的情况下，才逐渐产生和发展起来的。可以看到，实践是蒋孔阳美学思想的理论基础，在实践活动的基础上，才有了审美关系的产生。这样，蒋孔阳就将作为美学研究的出发点的审美关系置于马克思主义的基础上，体现出鲜明的马克思主义美学特色。

在对审美关系的具体研究中，蒋孔阳仍然立足于马克思主义的思想，尤其是《手稿》的思想来对审美关系进行阐发。

《手稿》是从历史性的劳动活动出发来展开对人的思考，即认为在劳动之中实现了人与对象的共同发展。“只是由于属人的本质的客观地展开的丰富性，主体的、属人的感性的丰富性，即感受音乐的耳朵、感受形式美的眼睛，简言之，那些能感受人的快乐和确证自己是属人的本质力量的感觉，才或者发展起来，或者产生出来。”① 这构成了审美关系的感性基础。同时，实践活动的历史性也包含着人的感觉的历史性。“五官感觉的形成是以往全部世界史的产物。”② 正是在历史性的劳动实践过程之中，“人之感觉”才能转变为“人的感觉”，在这样的“人的感觉”之中，才有人的本质力量的全面展开，这样的感觉才具有自由的特性，对象也才能成为人的对象。

正是基于这一思想，《美学新论》提出了审美关系的几个方面的规定性。首先，审美关系始终立足于感觉器官。当然这时人的感觉器官有其历史性的、自由的内涵。其次，审美关系是自由的，即审美关系虽然也要受到主体与客体各自条件的限制，但却常常能够从这些限制中解放出来，取得自由。第三，审美关系是人作为一个整体来和现实发生关

① ［德］马克思：《1844 年经济学—哲学手稿》，刘丕坤译，人民出版社 1979 年版，第 79 页。

② 同上。

系，人的本质力量能够得到全面展开。这恰恰是源于《手稿》中关于人的本质力量的重要论述，强调人作为一个整体与现实发生关系。最后，审美关系是人对现实的情感关系，由此方才体现出审美活动的人化内涵。①

可以看到，《美学新论》中，《手稿》构成了美学思考展开的理论基础，对于理解美学研究的出发点、审美关系的性质等美学具体问题发挥着重要作用。由此也显现出《手稿》内在的理论潜力，对于我们进一步思考当代美学问题无疑具有重要启发。

二　《美学新论》的核心命题

《手稿》并不是一部纯粹的美学著作，关于"美的规律"的论述是《手稿》中少数直接与美相关的段落之一，因而关于"美的规律"的讨论也一直是《手稿》美学思想研究中的重点问题。可以说，对美的规律的不同理解，恰能体现出不同美学思想的理论分野。

上文提到，《手稿》对20世纪80年代中国美学发展具有重要影响。其中，围绕"美的规律"的讨论是一个重要的理论切入点。《美学新论》中，蒋孔阳详细分梳了当时不同学者对"美的规律"的基本理解，如蔡仪认为，美的规律就是美的本质，并从典型的角度来理解美的规律；朱光潜认为美的规律是美学本身研究的对象；李泽厚从合规律性与合目的性的统一的角度来理解美的规律；朱狄强调从实践出发、从生产劳动来谈美的规律；陈望衡从客体的感性形象与主体自由自觉的类的特性的统一角度来理解美的规律；周来祥从客观必然性和人的目的性的和谐统一的角度来理解美的规律；等等。②

正是在总结以往关于"美的规律"的不同认识的基础上，蒋孔阳形成了自己关于"美的规律"的基本理解，即从关系的视野来展开对美的规律的思考。在直接讨论美之前，蒋孔阳首先辨析了一系列关系，

① 蒋孔阳：《美学新论》，人民文学出版社1993年版，第11—15页。
② 同上书，第200—201页。

如美与形式、美与愉快、美与完满、美与理念，等等，在此基础上，进一步提出了自己关于美的基本看法。值得注意的是，由于考虑到关系本身的复杂性，蒋孔阳对美的理解，不是给出一个唯一性的定义，而是通过几个彼此关联的命题，在关系之中展示出美的多面性和丰富性。这种以几个相互关联的命题呈现审美关系的思路显然更能够契合美的特性。《美学新论》中关于美的思考主要体现为四个命题：美在创造中，人是“世界的美”，美是人的本质力量的对象化，美是自由的形象。对这四个命题的阐释，实际上构成了蒋孔阳对美的整体理解。可以说，这四个命题是《美学新论》中蒋孔阳美学思想体系的核心命题，也是最能凸显作者美学思想的创新性和理论特色的命题。仔细研究就会发现，这四个命题与作者对“美的规律”的理解有着密切关系。

蒋孔阳认为，“美的规律”是“人类在劳动实践的过程中，按照客观世界不同事物的规律性，结合人们富有个性特征的目的和愿望，来改造客观世界，不仅引起客观世界外在形态的变化，而且能够实现自己的本质力量，把这一本质力量自由地转化为能够令人愉悦和观赏的形象”。① 这里对“美的规律”的阐释有几个关键之点。首先，美的规律是对于人来讲的，是源于人的历史性的劳动实践过程；其次，美的规律体现在作为主体的人与客观世界的关系之中，具体来说，即人的本质力量的对象化；再次，美的规律体现出人的自由；最后，美的规律体现在令人愉悦和观赏的形象之中。我们会看到，对“美的规律”的美学阐释会以各种各样的方式体现在作者的四个美学核心命题之中，建构起作者整体性的美学思想体系。

第一，美在创造中。美的规律已经揭示出美与人类的劳动实践的相关性，而从马克思主义的立场来看，人类的劳动实践过程是不断拓展的，因而美从来不是一个既定的状态，而会随着人类劳动实践过程的不断拓展而不断发展变化。如果说，人类的劳动实践具有开放性和历史性，那么，美同样具有这些特性。在《美学新论》中，作者就将美的

① 蒋孔阳：《美学新论》，人民文学出版社 1993 年版，第 210 页。

这些特性凝聚在“创造”这一概念之中。因此，美就在不断的创造中。“我们应当把美看成是一个开放性的系统，不仅由多方面的原因与契机所形成，而且在主体与客体交相作用的过程中，处于永恒的变化和创造的过程中。美的特点，就是恒新恒异的创造。”① 创造就体现在主体与客体的开放性的相互关系之中。

更进一步来看，在具体的创造活动中，又可以区分出不同的层次，即自然物质层、知觉表象层、社会历史层、心理意识层等。美作为“多层累的突创”，就在人的实践活动之中展开。一方面体现为多种因素长期的相互积累，另一方面又体现为瞬间突然的创造生成，呈现出一个完整的、充满了生命的有机整体。

第二，人是“世界的美”。正如在对“美的规律”的理解中，美只是对人而言的，在美的创造过程之中，作为主体的人也始终占据主导地位。当然，从马克思主义的立场来看，这里的人并不是孤立的人，而是处于一定社会历史关系之中的人。由此，美也就是在人与人的相互关系之中所产生和创造出来的社会现象。在对这一思想的阐释中，蒋孔阳有效融汇了休谟、康德、姚斯等人的思想，从而体现出其作为马克思主义美学的开放性和包容性。

第三，美是人的本质力量的对象化。这一命题是四个命题中蒋孔阳用力最多的。根据《手稿》，所谓人的本质力量的对象化，即人通过自己的实践活动，把自己的本质力量在客观现实中实现出来，使现实成为“人固有的本质力量的现实，一切对象也对他说来成为他自身的对象化”②。这里涉及人的本质、对象化等重要概念，对这几个概念的理解直接决定着如何理解《手稿》中马克思的美学思想。

在具体研究中，蒋孔阳从“人的本质力量”“自然的人化”“对象化”几个方面详细论证了“美是人的本质力量的对象化”这一命题。

---

① 蒋孔阳：《美学新论》，人民文学出版社 1993 年版，第 136 页。

② ［德］马克思：《1844 年经济学—哲学手稿》，刘丕坤译，人民出版社 1979 年版，第 78 页。

在他看来，人的本质力量，是一个多元的、多层次的复合结构，是处在不断变化、创造之中的。自然的人化，即人通过自然来表现人，具有多种多样的实现途径和方式。因而对象化就是一个不断丰富、不断完善、不断创造的过程。根据《手稿》，“劳动的对象是人的类的生活的对象化：人不仅像在意识中所发生的那样在精神上把自己化分为二，而且通过活动，在实际上把自己化分为二，并且在他所创造的世界中直观自身”①。因此，对象化建立在人类劳动实践的基础上，以理论的和实践的两种方式进行，并体现出双向运动的特性。在这一过程中人与自然都发生了合目的性的改变，由此才有美的形象的生成。

综上所述，美是人的本质力量的对象化，就是说人按照美的规律来创造，按照对象的性质和特征，在对象中进行自我创造，从而把对象塑造成为美的形象。因此，美就是人的本质力量对象化的成果，是人按照美的规律所创造的形象。

第四，美是自由的形象。同样是在劳动实践的过程之中，人才会有自由，自由感也成为审美的最高境界。因此，美的理想就是自由的理想，美的规律就是自由的规律，美的形象也就是自由的形象。

不难发现，蒋孔阳对美的阐释，始终贯穿着《手稿》的基本思想，尤其是“美的规律”的思想，并体现出存在论的意味。这也从一个侧面体现出“美的规律”问题对中国当代美学理论创新所具有的特殊意义。

三　《美学新论》的美感论

美感问题是美学研究中的重要问题之一，传统上多从心理学的角度进行探讨。《手稿》从人类劳动实践的层面上阐释人的感觉的形成，强调了人的感觉的历史性，这也给美感问题的研究提供了新的思路。如李泽厚就立足《手稿》，对美感问题从“内在自然的人化”角度加以阐

---

① ［德］马克思：《1844年经济学—哲学手稿》，刘丕坤译，人民出版社1979年版，第51页。

释，在中国当代美学研究中具有重要意义。《美学新论》关于美感问题的讨论同样立足于《手稿》，涉及美感的诞生，美感的生理基础等问题，体现出丰富的理论内涵。

关于美感的诞生，《美学新论》注意到了历史上关于这一问题的各种探讨，尤其是20世纪以来，心理学的发展使得关于美感问题的研究有了多层次、多侧面的发展，极大地开拓了人们的理论视野。但同时，马克思主义的实践观点在关于美感问题研究上仍具有基础性的地位，即将美感纳入人类实践的历史过程之中，从一种动态的、发展的角度来理解美感的诞生及其发展。具体来说，美感作为一种精神的满足，是在人制造和使用工具的过程中诞生的，而且随着人类实践活动的不断扩大和发展，美感也会不断扩大和发展，没有止境。

美感的构成需要人的审美能力、审美环境、审美心理、审美态度等多种因素的共同作用，但这些最终会落实到人的感觉之中。因此，对美感的探讨必须还原到感觉的层面。在审美活动中，人是通过感觉器官与客观现实建立起审美关系。于是人的感觉就构成了美感的生理基础。这时，《手稿》中关于人的感觉的思想就为关于美感问题的研究提供了重要的理论依据。

马克思明确指出，“社会的人的感觉不同于非社会的人的感觉。只是由于属人的本质的客观地展开的丰富性，主体的、属人的感性的丰富性，即感受音乐的耳朵、感受形式美的眼睛，简言之，那些能感受人的快乐和确证自己是属人的本质力量的感觉，才或者发展起来，或者产生出来。因为不仅是五官感觉，而且所谓的精神感觉、实践感觉（意志、爱，等等）——总之，人的感觉、感觉的人类性——都只是由于相应的对象的存在，由于存在着人化了的自然界，才产生出来的。五官感觉的形成是以往全部世界史的产物”①。立足于马克思关于人的感觉的基本思想，《美学新论》着重比较了动物的感觉与人的感觉的不同，以此阐

① ［德］马克思：《1844年经济学—哲学手稿》，刘丕坤译，人民出版社1979年版，第79页。

明美感的生理基础。

第一，人的感觉与对象可以保持一种自由的关系。动物的感官直接受制于物种的限制，人的感觉则能够摆脱动物性感官的直接刺激，不受动物性直接需要的束缚和禁锢，从而体现出自由的特性。正是这一自由，使得人能够与对象保持一种超功利的关系，由此美感才得以可能。因而，感觉的自由性是产生美感的重要原因。

第二，在实践活动的基础上，人的感觉不仅仅是感性的，还是理性的，是感性和理性的统一。因此，美感可以作为一种理性的感觉。这样来看，人的感觉就不是被动的、消极的，而是具有组织能力和造型能力，体现出积极主动和创造性的特征，由此"自然界才表现为他的创造物和他的现实"①。

由此而有第三，人的感觉也是无限的。自由和创造也就意味着能够打破任何外在事物的束缚，始终以一种富有创造力的方式感知对象。这种无限性从主体方面来看，就是《手稿》中所说的"人以一种全面的方式，也就是说，作为一个完整的人，把自己的全面的本质据为己有。"② 从客体方面来看，就体现为审美对象的无限意味。

最后，人的感觉具有丰富性和多样性。这种丰富性与多样性既来自于人类长期的实践劳动活动，也与个体后天的训练学习相关。

可以看到，《美学新论》中对美感的阐释始终立足于《手稿》的基本思想，并进行了创造性的解读与阐发。同时，在具体阐释中又能有效融合中国传统美学和西方美学的有关思想，体现出作者开阔的理论视野和包容的理论态度。

实际上，在《美学新论》整个理论体系之中，我们时时能够看到《手稿》的潜在影响。这一影响不是唯一的，但却是基础性的。通过《美学新论》这一文本，我们大体可以看出《手稿》参与中国当代美学

① ［德］马克思：《1844 年经济学—哲学手稿》，刘丕坤译，人民出版社 1979 年版，第 51 页。

② 同上书，第 77 页。

发展的方式、途径及其意义，也可以进一步看到《手稿》对中国当代美学思想的发展、美学体系的建构所起的基础性作用。而当代美学对《手稿》的不同阐释也体现出《手稿》本身所具有的理论潜力。可以说，《手稿》这一文本已经以自身独特的方式参与了中国当代美学的建构，成为当代美学发展过程中一个理论源点。对这一源点的重新探索、对其理论潜力的重新挖掘在今天仍然是一个极具理论挑战性的课题。另一方面，蒋孔阳美学思想对于朱立元实践存在论美学思想的形成有着深刻影响，这种影响不仅仅体现在美学基本观点方面[①]，也体现在对《手稿》这一马克思美学理论文本的高度重视方面。后文我们将看到，对《手稿》的解读也是实践存在论美学基本思想得以形成的一条基本路径。

四　《美学新论》与实践存在论美学

蒋孔阳美学思想对朱立元有着直接的影响，尤其是《美学新论》中的思想对实践存在论美学体系的提出具有重要意义。在蒋孔阳美学思想中已经包含了存在论的因素，这一点在朱立元美学思想中得到了进一步的阐发。

首先是在对实践的理解上。蒋孔阳从更加宽泛的意义上来理解实践，而不是把实践局限在物质生产劳动上。在《美学新论》中，蒋孔阳明确指出，应当“在人的‘感性活动’中来理解人。所谓‘感性活动’，就是实践”[②]。这样，人的衣食住行以及思想、愿望、情感等都可以纳入实践概念之中，使这一概念体现出更加丰富、具体的内涵。这一意义上的实践与“生活”有着更为紧密的关系。这一点在实践存在论美学思想中得到了进一步的发挥。朱立元同样坚持从感性活动的角度来理解实践，同时受到现代存在论思想的影响，将蒋孔阳“生活”意义

---

① 朱立元实践存在论美学思想的形成得益于蒋孔阳美学思想中的存在论内涵。可参考朱立元《寻找存在论的根基——蒋孔阳美学思想新论探之二》，《学术月刊》2003 年第 12 期。

② 蒋孔阳：《美学新论》，人民文学出版社 1993 年版，第 168 页。

上的实践理解为“人生在世”（In-der-Welt-Sein），突出了实践概念的存在论意味，使之成为美学思想的基础。同时，实践存在论美学自觉地将审美与人的整体性存在方式、与人生实践相联系，将审美看作是一种高级的人生境界，也深化了蒋孔阳生活实践的内涵。可以说，实践存在论的实践概念是对蒋孔阳生活实践观念的进一步拓展和深化，使之具有了更为坚实的理论基础，更能够展现出美学与人的存在的内在关联。

其次，在美学研究的出发点上，蒋孔阳力图摆脱主客二分的思维模式，提出了关系在先的原则，即将人对现实的审美关系作为美学研究的出发点。也就是说，只有处于审美关系之中，审美主体与审美客体才能得以生成。审美关系具有逻辑上的先在性。这样就能摆脱审美主体与审美客体的二元对立，将二者还原到一元性的审美关系之中。通过审美关系，也能建立起审美主体与审美客体之间的联系。这一观点在实践存在论美学体系中也得以继承。朱立元将审美活动作为美学研究的主要对象，但在对审美活动的理解上接续了蒋孔阳审美关系的思想。在朱立元看来，审美活动与审美关系是同一层次的概念。审美关系的外在展开即是审美活动，审美活动的内在构成就是审美关系。审美关系是通过审美活动建构起来的，而审美活动只有通过审美关系才能得到体现。而不论是审美活动还是审美关系都体现出人与世界一体的存在论内涵。这样就从存在论的角度对蒋孔阳的审美关系学说做了理论上的推进与深化。

第三，关于美的存在方式，蒋孔阳美学思想中最具特色的就是创造论的美学观，认为美是一个开放性的系统，包含着多方面的因素，处于永恒的变化和创造之中，即美是“多层累的突创”。这一思想强调了美不是一个现成的对象，而是在审美活动之中当下生成的，是活生生的有机整体。这一思想在实践存在论美学中体现为以“生成论”取代“现成论”，即是说，无论是审美主体还是审美客体，都不是现成的、固定的存在，而是在审美活动中当下生成的，二者共同从属于审美活动。这一思想突破了长期以来关于美的形而上学观点，使审美活动成为一个处于不断运动之中的开放性系统。

可以看到，实践存在论美学在多个方面吸收了蒋孔阳美学思想，并从现代存在论的角度予以拓展和深化，在美学理论研究方面做出了重要推进。这种理论上的吸收与深化之所以可能，还在于二者在思想资源上都着力于对马克思美学思想，尤其是《手稿》中美学思想的研读与阐发，由此也体现出《手稿》对中国当代美学思想的深刻影响，以及实践存在论美学的马克思主义理论基础。

第三章　通向实践存在论美学的路径

实践存在论美学是中国当代美学发展的重要成果，与实践美学具有理论上的承接和发展关系。对实践存在论美学的理解，必须将其置于中国当代美学，尤其是实践美学的发展历程之中。正是通过对实践美学的理论贡献及其不足进行认真反思和总结，实践存在论美学才形成了自己的基本概念和理论体系。因此从实践美学及其理论发展入手，可以有效进入实践存在论美学的基本问题。另外，实践存在论美学思想与西方存在论思想传统与马克思的实践观念有着内在关联，从存在与实践的对话入手也能够揭示实践存在论美学的基本理路。最后，准确评估实践存在论美学在美学理论上的贡献、仍然存在的问题及进一步完善的可能，将为实践存在论美学乃至中国当代美学的未来发展提供某种参照。

第一节　“积淀”“突破”与“创造”

实践美学萌芽于20世纪五六十年代的美学大讨论，在80年代获得蓬勃发展并走向成熟，一度是中国主流的美学流派。作为20世纪中国美学建设最具原创性的美学体系和最重要的理论成果，实践美学自产生以来，也一直受到各方面的批评和质疑，始终处于与其他美学思想的论辩之中。尤其是20世纪90年代以来，学界对实践美学从理论基础、思维框架、逻辑结论等多方面进行了深入反思，提出了后实践美学、实践美学终结论等诸多理论主张。一时间，实践美学似乎成为众矢之的，广受质疑。与此同时，一些学者也尝试在新的理论语境中重新思考和进一步发展实践美学，探索实践美学在当代可能的突破之途。实践存在论美学的提出就处于这一理论背景之中。今天，面对所有这些论争，重新思考实践美学所面临的理论困境，探究实践美学进一步发展的理论潜力，就成为关系到中国当代美学进一步的发展路向的重要问题，值得我们认真研究。

“积淀”是李泽厚实践美学体系中的一个基本概念，李泽厚通过这一概念来解释美的社会性和理性内涵。但这一概念也受到了一些质疑和批评，认为它忽视了美的个体性和精神内涵。“突破”概念的提出就是针对“积淀”概念之中的理论不足，聚焦于美的精神性特质。之后的“创造”概念更进一步强化了实践概念中的个体性，极大地推进了实践美学的发展，并为实践存在论美学思想的提出做了必要的理论准备。因此，本节从“积淀”“突破”与“创造”三个概念入手，试图从一个侧面观察实践美学自身所存在的问题及其在当代的自我突破与创新。这一发展轨迹也启示我们，实践美学仍然具有巨大的理论潜力和理论包容性，在与当代西方思想的有效对话中，仍然代表着中国当代美学进一步发展的理论基础和重要路向。需要说明的是，这一描述并不完全是一种历史学的（historisch）描述，而是一种历史性的（geschichtlich）描述，也就是说，这一研究着眼于实践美学自身内部的逻辑演进及其与当代西方思想的交融与共通，并体现着当下具体而现实的理论语境。

需要说明的是，实践美学在其具体发展过程中，由于理论侧重点的不同，形成了不同的实践美学派别，因而呈现出“派中有派”的复杂状态。这里所谈的实践美学，系指以李泽厚为代表的主流派实践美学。

一 积淀

“积淀”是李泽厚实践美学的核心概念，形成于20世纪七八十年代，后来其影响几乎波及整个当代中国人文研究领域，具有重要的理论价值。但同时，这一概念中所反映出的问题也折射出李泽厚实践美学在思维方式、理论架构等方面所面临的内在困境。因此，从反思这一概念入手，可以有效地思考实践美学所存在的问题及其理论局限。

李泽厚最早是在 1979 年出版的《批判哲学的批判》一书中提出了"积淀"概念。在这部具有引领时代风潮意义的著作中，李泽厚以马克思的实践概念来融会康德，认为"通过漫长历史的社会实践，自然人化了，人的目的对象化了。自然为人类所控制改造、征服和利用，成为顺从人的自然……自然与人、真与善、感性与理性、规律与目的、必然与自由，在这里才具有真正的矛盾统一。真与善、合规律性与合目的性在这里才有了真正的渗透、交融与一致。理性才能积淀在感性中、内容才能积淀在形式中，自然的形式才能成为自由的形式，这也就是美"①。

这一段话中有几个要点值得注意：

首先，"积淀"依赖于"漫长历史的社会实践"，也就是说，积淀是在人类的实践活动中展开的。而李泽厚所理解的实践，指的是人类的物质生产活动。这种活动是"漫长历史的"、人类群体的。因此，"积淀"植根于人类的物质生产活动，这固然凸显出"积淀说"在历史唯物主义基础上开阔的历史视野，但同时也显现出这一学说对构成人类群体的具体个体关注不足。

其次，"积淀"的历史连续性。"积淀"依赖于并显现出历史的连续性。因此，积淀的时间结构是单向的，是过去不断地累积、沉淀在现在之中，这是一个不可逆的过程。因此，"积淀"作为一个过程虽然可以无限延续下去，但其基本结构却具有稳定性。这种稳定性也构成了过去对现在的规约与压制。

第三，"积淀"论证的是人的文化—心理结构的产生，即人的生成。对人的关注使得"积淀说"在当时的特定语境中具有思想解放的意义。早在 20 世纪五六十年代的美学大讨论中，李泽厚就从研读马克思的《1844 年经济学—哲学手稿》中的相关论述出发，通过"人化的自然"的命题，探索了人通过劳动实践活动的生成："实践在人

① 《李泽厚哲学文存》（上编），安徽文艺出版社 1999 年版，第 436 页。

化客观自然界的同时，也就人化了主体的自然——五官感觉，使它不再只是满足单纯生理欲望的器官，而成为进行社会实践的工具。”[①]这一点赋予李泽厚的“积淀说”以人类学的历史哲学基础。但由于“积淀说”所暗含的历史连续性，因此，也有学者对其提出了质疑，“问题在于，在现实生活中，每一个感性的、活生生的、个体的人，如何通过实践来更新固有的‘文化—心理结构’呢？这不是‘积淀说’所能解决的”[②]。

最后，“积淀”的成果就是美，即自由的形式。美产生于“积淀”，从而也就产生于人类的实践活动。这使得李泽厚的美具有了人类学内涵：它不是永恒的，而是在人类的实践活动中产生和发展起来的。美的产生的过程就是人的生成的过程，二者均内在于“积淀”之中。而且，更为重要的是，通过“积淀”，美可以在感性中有效弥合人所面对的种种分裂，实现感性与理性的融合。

通过美来实现分裂的统一，这一思路在康德关于第三批判的定位中已经显露端倪。在那里，康德认为“在作为感官之物的自然概念领地和作为超感官之物的自由概念领地之间固定下来了一道不可估量的鸿沟，以至于从前者到后者（因而借助于理性的理论运用）根本不可能有任何过渡，好像这是两个各不相同的世界一样”[③]，而审美则可以有效沟通二者，实现从自然领域向自由领域的过渡。在《审美教育书简》中，席勒认为，人身上有两种冲动，感性冲动与理性冲动，二者分属感性和理性两个不同的领域，遵循两种不同的原则。而游戏冲动则能够把感性冲动与理性冲动结合起来并使二者相互协调，实现完整的人性，而游戏冲动的对象就是美。换句话说，美可以实现完整的人性。马克思在《1844 年经济学—哲学手稿》中则强调通过人的实践活动可以实现人与自然的统一，即“社会是人同自然界的完成了的、本质的统一，是自

---

① 李泽厚：《美学论集》，上海文艺出版社 1979 年版，第 161 页。

② 陈炎：《试论“积淀说”与“突破说”》，《学术月刊》1993 年第 5 期。

③ ［德］康德：《判断力批判》，邓晓芒译，人民出版社 2002 年版，第 10 页。

然界的真正复活，是人的实现了的自然主义和自然界的实现了的人本主义”①。这些思想都构成了李泽厚“积淀说”的思想资源。这也是为什么李泽厚在《批判哲学的批判》中认为“康德→席勒→马克思”的思想线索要比当时人们普遍认为的“康德→黑格尔→马克思”的思想线索更加值得重视，因为“贯穿这条线索的是对感性的重视，不脱离感性的性能特征的塑形、陶铸和改变来谈感性和理性的统一。不脱离感性，也就是不脱离现实生活和历史具体的个性”。② 在李泽厚的思想中，“积淀”发挥的恰恰是这一功能。

“积淀说”在当时引起了巨大反响，并对之后中国美学乃至整个人文研究产生了重要而深远的影响。今天来看，“积淀说”在理论上的确也存在着一些重要不足，这在某种程度上也制约了之后中国当代美学的发展。

首先，“积淀”以一系列的二元对立为前提——自然与人、真与善、感性与理性、规律与目的、必然与自由等，并力图在这一系列的二元对立之中寻求统一和平衡。但是，不难发现，在这一系列二元对立中存在着相似的等级关系：一方是统治性的或决定性的，另一方是被限制或被压制的，从而体现出德里达所谓“逻格斯中心主义”（logocentrisme）的思维方式。因此，尽管李泽厚强调“积淀”的发生学意义，但在李泽厚的体系中，“积淀”远不是最为源初和根本的环节，这体现出“积淀说”的形而上学的思维方式。

其次，如上所说，“积淀”概念具有线性单一的时间结构，它强调了历史的连续性而忽视甚至压制了历史的异质性和断裂性。因此，“积淀”本质上是解释性或描述性的，而不是创造性的。其思想局限在于，“这种学说旨在说明某种文化意识和心理结构的独立性、历史必然性，而并非着重于强调如何改造和更新这种现存的‘文化——心理结构’，因此，它更适合解释历史，而不足以说明未来”③。

---

① ［德］马克思：《1844年经济学—哲学手稿》，刘丕坤译，人民出版社1979年版，第75页。

② 《李泽厚哲学文存》（上编），安徽文艺出版社1999年版，第435页。

③ 陈炎：《试论“积淀说”与“突破说”》，《学术月刊》1993年第5期。

第三，李泽厚把美看作是“积淀”之后所获得的成果，这实际上就是从现成论的角度来看待美，把美看作是实体化的客观存在。尽管李泽厚也通过“积淀”强调了美的动态性、发展性，但这丝毫没有改变其现成论的美学思路。这一思路的问题在于，把美看作是外在于人的、现成的客观存在物，从而事实上忽视了审美与人之间的源初关联。

李泽厚在后来的思想发展中也意识到了这一问题，因而一再强调个体、感性、偶然，如在《美学四讲》的最后，李泽厚大声疾呼，“回到人本身吧，回到个体、感性和偶然吧！从而，也就回到现实的日常生活（everyday life）中来吧！不要再受任何形上观念的控制支配，主动来迎接、组合和打破这积淀吧”①。包括后来对“情本体”的强调，但这些并未构成“积淀说”及其整个美学体系的有机组成部分，它们与其它部分之间仍然缺乏内在的逻辑联系，因此与“积淀”的整个内在理路是游离的。另一方面，如上所说，个体、感性、偶然始终处于李泽厚二元结构中受到限制和压制的一方，因此，不管怎样强调，它们始终要受到群体、理性、必然的控制和规约。“积淀”的整体结构仍然是理性的、稳定的，因而很难有真正意义上的突破出现。

二　突破

严格说来，“突破说”并不足以构成与“积淀说”分量对等的美学学说，在20世纪80年代美学多元发展的格局中，“突破说”始终未达到“积淀说”那样的影响和层次。但客观上“突破说”又的确触及了李泽厚“积淀说”的最为薄弱之处，因而从另一个极端上映射出了“积淀说”在理论上的不足。因此，对“突破说”的反思在某种程度上就构成了对“积淀说”乃至整个实践美学的进一步思考和补充。为避免不必要的误解，我们会更多地直接使用“突破”这一概念来切入问题。

---

① 《李泽厚十年集》（第一卷），安徽文艺出版社1994年版，第580页。李泽厚这方面的思想，亦可参见李泽厚《主体性的哲学提纲之三》《主体性的哲学提纲之四》，载《李泽厚哲学文存》（下编），安徽文艺出版社1999年版，第648—662页。

事实上，在李泽厚提出“积淀说”的同时，就有学者对这一学说进行了深入思考，并注意到了其在理论上的不足。

高尔泰也许是国内最早对李泽厚的“积淀说”提出批评的学者。高尔泰的美学思想以人道主义为其特色，力图沟通“人”的问题与“美”的问题。因此，在对美的认识上，高尔泰就始终是把美与对人的认识联系在一起。在对人的认识上，高尔泰以席勒式的语言指出，“人作为具有社会性的自然存在物，既具有开放的一面，又具有封闭的一面。这开放的一面也就是我们称之为感性动力。这封闭的一面，我们暂时称之为僵化的理性结构。感性动力植根于人的自然生命力，理性结构来自历史的积淀”。而且，二者都以（广义的）实践为中介发生关系。在二者相互疏远时，理性结构就会成为僵死的精神结构，变成一种束缚感性动力的桎梏，从而扼杀了美。[①] 因为在高尔泰看来，美恰恰来自于感性动力的创造。“美不是作为过去事件的结果而静态地存在的。美是作为未来创造的动力因而动态地存在的。所以它不可能从‘历史的积淀’中产生出来，而只能从人类对于自由解放、对于更高人生价值的永不停息的追求中产生出来。”因此，“从变化和发展的观点、即从人类进步的观点来看，不是‘积淀’而是‘积淀’的扬弃，不是成果而是成果的超越，才是现代美学的理论基础”[②]。这样，积淀对于美就不再具有基础性、决定性的作用，相反只有积极地“扬弃”积淀，才可能有美的创造。

在高尔泰看来，“积淀说”最重要的缺陷在于，积淀只是量的递增，其结果作为累积的形成物不可能产生新的结构和功能。因此，“离开感性动力而谈论理性结构和历史的积淀，虽然有时也能合乎逻辑地说明许多已经形成的事实，但是这种说明至多只有艺术史或美学史的意义，而没有美学原理的意义”[③]。应当说，高尔泰的确非常敏锐地注意

---

① 高尔泰：《美是自由的象征》，人民文学出版社 1986 年版，第 36 页。
② 同上书，第 109 页。
③ 同上书，第 111 页。

到了李泽厚“积淀说”在理论上的不足，并强调了感性动力在美的问题中的重要性，对之后“突破说”的提出具有重要启发。

20世纪80年代后半期，刘晓波以其“突破说”的激进姿态开始向李泽厚发难，激烈批评李泽厚的“积淀说”及其理性主义的倾向，在学界激起巨大反响。在他看来，美来自于感性生命，从根本上就是非理性、反理性的。因此，审美也不是“积淀”，而是对“积淀”的突破，是感性生命突破理性积淀的人性之辉煌，是个体独立超越社会束缚的人性之解放。因此，“理性积淀的枷锁一旦七零八落，人的面前就是一个全新的、充满生机的宇宙。狂迷的酒神酩酊大醉，创造着最伟大的生命之舞”①。这一段诗意化的描述颇具尼采式的韵味，但问题是，这种感性生命的迷狂并不一定就具有审美价值，理性“七零八落”之后，我们面对的也并不一定就是全新的、充满生机的宇宙。今天看来，“突破说”在对感性和理性、突破与积淀的关系的认知上，体现出一种简单化的倾向。这种对于非理性、反理性的片面强调使得他的学说更多地体现出一种情绪化的色彩，而缺乏理论建构所需要的严谨与细致。

诚如刘晓波所说，“在哲学上、美学上，李泽厚皆以社会、理性、本质为本位，我皆以个人、感性、现象为本位；他强调和突出整体主体性，我强调和突出个体主体性；他的目光由‘积淀’转向过去，我的目光由‘突破’指向未来”。② 问题是，将一个形而上学结构简单颠倒所获得的，仍会是一个形而上学结构。这里，在思维方式上，二者其实没有实质上的差别，都是主客二分的形而上学的思维方式。因此，很难说“突破说”在理论建构上具有什么样的“突破”之处，或许，它在当时的思想解放的意义要大于其理论本身的价值。③

因此，由于理论建构上的缺陷，“突破说”并未真正构成对“积淀

---

① 刘晓波：《选择的批判——与李泽厚对话》，上海人民出版社1988年版，第19页。

② 同上书，第17页。

③ 对这一点陈炎在其《试论“积淀说”与“突破说”》（《学术月刊》1993年第5期）一文中也有论及。

说”的挑战，但毋庸置疑，“突破说”敏锐把握住了“积淀说”理论上的缺陷，即“积淀”如何面对未来的问题，并进行了有益的思考。

与“积淀”所彰显的历史连续性不同，“突破”这一概念暗含着疏离与断裂，问题是，“突破”之后，彼此疏离、断裂的两部分究竟是什么关系；完全的疏离和断裂只会使“突破”缺乏现实基础和依据。如果说，在疏离和断裂之中还应包含着一些连续性，但“突破说”对此却又语焉不详。因此，“突破说”更多的是体现出一种激进的姿态，缺少对理论问题的细致、缜密的分析。

也许是受到“突破说”的启示，后来李泽厚在对“积淀说”的论述中更多地强调感性、偶然、个体的价值。因此，在某种意义上也可以说“积淀说”本身就包含着“突破”的题中应有之义，但从上文所分析的“积淀”的整个理性结构可以看出，“积淀”之中的“突破”实际上终成无源之水，无法落到实处。

1993 年，陈炎发表文章《试论“积淀说”与“突破说”》，对“积淀说”和“突破说”两种学说进行了对比研究，分析了二者的价值及各自存在的片面性，认为积淀说的局限在于“过多地强调‘从过去承继下来的条件’而忽视‘人们自己创造自己的历史’”，突破说的局限在于“过多地强调‘人们自己创造自己的历史’，甚至企图‘随心所欲地创造’”。前者在文化问题上常常表现出一种温和的保守主义倾向，后者则往往表现出一种激进的虚无主义倾向。但实际上，二者不应是完全对立的，而是存在着辩证关系，“因为美确实来源于社会与个人、理性与感性、必然与自由之间所形成的必要的张力。它既不是对过去历史的简单重复，也不是割断历史的一味超前，而只发生在过去与未来相交的那一不断变动的结合点上。一言以蔽之，它是‘积淀’基础上的‘突破’”①。今天看来，陈炎的分析的确有其合理之处，也确实提出了一些值得我们进一步思考的问题，特别是如何正确处理二者的辩证关系的问题，直到今天仍有其现实意义。

---

① 陈炎：《试论“积淀说”与“突破说”》，《学术月刊》1993 年第 5 期。

三　创造

前文提到，高尔泰在20世纪80年代就提出“创造”概念以质疑李泽厚的“积淀说”。但对这一概念，高尔泰并未做更为深入的说明和界定，当然也未能以此为基础建构起新的美学体系。但对“创造”的重视却的确显现出高尔泰在理论上的敏锐。从某种意义上来说，“创造”可以看作是对“积淀”和“突破”在新的基础上的“创造性”融合。因此，对“创造”概念的进一步阐发并以此为核心建构新的美学体系，成为之后实践美学进一步发展的可能的突破之途。

在实践美学内部的众多派别中，蒋孔阳的美学思想给予了“创造”以极大的关注，在这一点上体现出他与高尔泰美学之间的精神关联。在某种意义上可以说蒋孔阳对“创造”的关注是力图把“积淀”和“突破”二者结合起来，以说明美的产生，这最终凝结为蒋孔阳“美是多层累的突创”的理论命题：“美一方面是多层因素的积累，另方面又是突然的创造，所以它能把复杂归于单纯，把多样归为一统，最后成为一个完整的、充满了生命的有机的整体。”① 美的创造并不是无中生有，而是在物质的基础上，通过各种因素相互联系、矛盾和冲突，然后从量变发展到质变，所产生的质的变化。从这一思想出发，蒋孔阳还进一步分析了美的创造所涉及的不同层次，即自然物质层、知觉表象层、社会历史层、心理意识层等四个层次。其中，自然物质层决定了美的客观性质和感性形式，知觉表象层决定了美的整体形象和感情色彩，社会历史层决定了美的生活内容和文化深度，心理意识层决定了美的主观性质和丰富复杂的心理特征。因而美就是一个在不断的创造过程中的复合体。

值得注意的是，在蒋孔阳的美学思想中，已经开始有意识地突破“积淀说”所代表的传统实践美学主客二分、二元对立的形而上学思维模式，而代之以生成论的思想。其“关系在先”的思想、“美在创造中”“人是世界的美”等命题，均极具理论启发意义。这使得蒋孔阳美

---

① 蒋孔阳：《美学新论》，人民文学出版社1993年版，第146—147页。

学中的“创造”在根本上不同于之前的“积淀”和“突破”，而是在坚持实践论的基础上显现出存在论的现代特质。因此，朱立元将蒋孔阳的美学概括为“以实践论为基础、以创造论为核心的审美关系学说”①。

“美在创造中”是蒋孔阳美学的核心命题，而这一命题中逻辑地包含着生成论的美学思想。从“创造”的角度来看，美始终是在生生不息的创造过程之中现实地生成的，而不是外在于人的现成存在物。也就是说，“美是在无比丰富的、处在不断流变之中的主体、客体以及两者的关系中生成的，而且美永远处在这一生成过程之中”。因此，“‘美在创造中’就是说美处在不断的生成之中，是各种因素积累而生成的”②。这一思想对于突破把美看作是某种外在于人的现成存在物的现成论的美学，具有重要意义。

20 世纪 90 年代以来，面对后实践美学、实践美学终结论等诸多理论质疑，一些学者开始尝试在新的基础上重新融会以往的理论成果，以开出实践美学的新局面。其中，朱立元提出的“实践存在论美学”，积极吸纳了蒋孔阳美学思想中的存在论因素，力图超越传统实践美学主客二分的思维模式和认识论的理论框架，把美与人生实践紧密联系起来，实际上已经在这一方面进行了有益的探索，并取得了一批重要的研究成果，为进一步推进当前中国美学的发展做出了积极贡献。③

受到蒋孔阳以创造论为核心的美学思想及现代西方存在论思想的启发，朱立元的实践存在论美学尝试深入挖掘马克思实践概念的存在论维度，在此基础上重建实践美学，其精神实质继承了蒋孔阳美学的创造论观念及努力突破认识论模式的生成论美学思想，可以看作是在蒋孔阳美学思想基础上的“接着讲”。

---

① 关于蒋孔阳美学的生成论特质，除参见蒋氏本人的美学著作外，亦可参朱立元的相关研究，见朱立元《美学与实践》（广西师范大学出版社 1999 年版）、《走向实践存在论美学》（苏州大学出版社 2008 年版）及相关论文。

② 朱立元：《走向实践存在论美学》，苏州大学出版社 2008 年版，第 65、66 页。

③ 具体可参见朱立元《走向实践存在论美学》（苏州大学出版社 2008 年版）、朱立元主编《美学》（修订版）（高等教育出版社 2006 年版）及相关论文。

与“积淀”或“突破”不同，实践存在论美学明确地将“创造”置于存在论的基础之上。其认为，“创造”是以存在论的实践观念为基础，以人生在世为基本领域，以人生境界的追求和提升作为审美活动的基本指向。“创造”的要义，就在于突破二元对立，返回到存在本身，以实践活动作为人的基本存在方式，以审美作为一种基本的人生实践，面对生生不息的人生，创造出恒新恒异的、具有审美价值的人生境界。这样，实践存在论美学就突破了认识论的思维框架，在存在论的基础上建立起审美与人生实践之间的内在关联，把审美活动最终指向了人生境界的提升与创造。

如果说，实践存在论美学以实践作为人的存在的基本方式，那么，同样可以说，在人的实践之中，总是体现着“创造”的内涵。如前所述，“创造”概念中既包含着历史的连续性，又包含着瞬间的生成性、突发性。从存在论的角度来看，人的实践活动既不是线性连续的，也不是断裂的，而是立足于过去的、向着未来开放的、当下性的活动。实践活动总是具有当下性的特征，在这一当下之中，映射着过去的全部意义（不同于“积淀”），也潜在地预示着未来的存在（不同于“突破”）。因此，在这里，过去、当下、未来处于一种相互映射的游戏之中，在这一游戏之中，人才拥有了全部的历史、现在，也才可能去创造未来。这样看来，在实践活动之中，“创造”就成为一种永恒的追求，成为对人的基本规定。而美，就产生于创造之中，或者说，美本身就是创造，正如蒋孔阳所说，“美的特点，就是恒新恒异的创造”①。

因此，实践存在论美学把审美看作是基本的人生实践活动，这一思路本身就具有创造论的内涵：人生是开放的、因而审美也具有无限的开放性。作为人生境界的审美，其要义就在于不断地创造、不断地追求、不断地提升。就像歌德笔下的浮士德，正是在面对着人的无限创造的时候，才会大声疾呼：“你真美啊！”因此，“创造”不仅仅是一种人类活动，更进一步来说，“创造”构成了人生的基本特质，构成了对人的存

① 蒋孔阳：《美学新论》，人民文学出版社1993年版，第136页。

在的言说，同样，也构成了审美的基本状态。

从“积淀”“突破”到“创造”，中国当代美学经历了从实践美学到实践存在论美学，从现成论到生成论，从本体论到存在论的一系列理论转换。现在来看，实践存在论美学尽管还不够成熟，还有待从各个方面进行丰富和完善。但是，这一美学思想所体现出的现代存在论基础及其超越二元对立的理论自觉已经预示着中国当代美学一个可能的发展方向，实践存在论美学在今天仍然具有进一步开掘的理论潜力。

很显然，我们不能简单停留在传统实践美学的框架内，当代中国美学呼唤着新的突破。但是，尽管传统实践美学在思维方式和理论框架上存在着种种不足，但由于实践概念本身所具有的巨大的理论包容性和阐释空间，实践美学就可以也能够在与其他美学思想的交流、对话中，不断地调整和丰富自己，为当代中国美学的进一步发展探索一条新的途径。实践存在论美学的提出就充分证明了实践概念的理论潜力及其对美学研究的基础性影响。回顾过去，我们今天所拥有的一切，均来自于在“积淀”“突破”基础上的“创造”，我们没有任何理由对以往的成就表示轻蔑，也不必为我们今天的成绩沾沾自喜或妄自菲薄。因为，我们仍然面对着无限开放的世界，我们仍然处于无限的创造之中，“宇宙在创造中，人生在创造中，美自然也在创造之中。让我们打破关于美的形而上学的观点，从变化和运动当中，从多层次的结构当中，来探讨和研究美吧”①！

第二节 “存在”“实践”与实践存在论美学

20 世纪，海德格尔对存在问题的思考对于哲学和美学研究产生了深刻影响，实践存在论美学的提出在很大程度上受到了海德格尔存在论思想的启发，同时也与对马克思实践概念的重新理解密切相关。可以说，正是有了存在论的理论视野，实践存在论美学才能够发现马克思思

① 蒋孔阳：《美学新论》，人民文学出版社 1993 年版，第 147 页。

想中实践概念所蕴含的存在论理论维度，也才能在此基础上展开实践存在论的美学思想体系。

因此，在实践存在论美学之中，“存在”与“实践”是两个基本概念。本节从分析“存在”与“实践”概念入手，探讨实践存在论美学的基本理论架构。总体来说，实践存在论美学针对传统实践美学的弊端，力图沟通“存在”与“实践”两个概念，超越主客二分的思维模式和认识论的理论框架，从存在论的视角切入实践的丰富性内涵，在此基础上重新审视和研究美学问题。

但由此也带来的一些困惑，实践存在论美学是否就是将马克思的实践概念海德格尔化了呢？在马克思那里的实践概念与海德格尔那里的存在概念是否能够彼此相通？因此，辨析存在、实践这些概念对于阐明实践存在论美学就具有了重大的理论意义，只有从马克思和海德格尔的思想本身出发，才能正确地理解和评价实践存在论美学的价值和意义。

一　存在

存在概念是西方哲学中的一个基本概念。存在论（ontologisch）在西方有着悠久的历史，从古希腊开始，就开始了对存在问题的思考和探讨。巴门尼德、柏拉图、亚里士多德等人都对存在问题展开了细致研究。其中，巴门尼德对存在的思考构成了西方存在思想的源头，使西方的自然哲学转向了存在论。之后，柏拉图从理念的角度理解存在，而亚里士多德则从实体（Ousia）的角度理解存在，更加强调存在与经验世界的关联。中世纪时期，存在问题进入基督教的神学视野，对存在的探讨始终和上帝结合在一起。近代以来，对存在的探求更多地和事物的现实存在联系在一起。

古希腊早期的自然哲学，从米利都学派到赫拉克利特，他们提出问题、思考问题的出发点都是寻求万物的本原并思考事物是如何生成和变化的，无论是把这种本原归结为水、火、气或其他什么事物，其内在理路是一致的，即都是试图用某种具体的经验事物来作为世界的本原。但从巴门尼德开始，希腊哲学发生了转向，即从研究作为本体的具体事物转而研究本体的存在本身，开始了对存在问题的追问和探询。这种追问在希腊哲学史上实际上是此前哲学家们对本原问题追问的延续，也是后来柏拉图对理念追求的前身。

“存在”是巴门尼德哲学的基本范畴。巴门尼德指出，“还只剩下一条途径可以说，即：‘是’。在这条途径上有许多标志表明：因为它不是产生出来的，也不会消灭，所以它是完整的、唯一的、不动的、没有终结的。它既非曾是，亦非将是，因为它即当下而是，是全体的，一和连续的”①。这里不难看出巴门尼德关于存在的一些基本的规定，如“存在”是永恒的、不生不灭的、不动的，“存在”是完整的、连续的、不可分的，等等。那么，接下来的问题就是：如何才能把握“存在”？巴门尼德区分了两条途径，“来吧，我将告诉你，请你倾听并牢记心底，只有哪些研究途径是可以思想的：一条是存在而不能不在，这是确信的途径，与真理同行；另一条是非存在而决不是存在，我要告诉你，此路不通。非存在你不认识也说不出，因为这是不可能的，作为思想和作为存在是一回事情”②。第一条路是“真理之路”，第二条则沉迷于虚假的现象世界之中，是“意见之路”。存在可以通过思想来把握，因为思想与存在具有同一性。这一命题具有非常重要的意义，直接影响到西方哲学后来从理性的角度探究存在问题的基本路向。

柏拉图对存在的理解与其理念论结合在一起。对于柏拉图来说，“理念”意味着真正的存在，它是绝对的、不动的、永恒的、唯一的，不生不灭，不增不减。而具体的经验现象则是不真实的，只是虚假的幻象。柏拉图的“理念”可以看作是事物真实的存在，也就是所谓的事物本身，它构成了事物的本质。同时，理念还代表着事物最为理想的存在，指称的是事物最完满、最合理、最恰当的存在状态。与理念相比，经验事物只是对理念的不完美的摹仿。因此，认识的全部目标就是超越经验现象，达到对作为“理念”的真正存在的认识。

---

① 转引自俞宣孟《本体论研究》，上海人民出版社2000年版，第545页。
② 苗力田主编：《古希腊哲学》，中国人民大学出版社1989年版，第93页。

柏拉图对于存在的理解也直接影响到柏拉图对美的问题的思考。在《大希庇阿斯篇》中，柏拉图就明确区分了“美的事物”和“美本身”，并将对“美本身”的追寻看作是认识美的问题的正确途径。在《会饮篇》中，更提供了直观“美本身”的基本方法，即“美的阶梯”的思想。这些都与柏拉图关于存在的思想密切相关，并影响到后来西方美学发展的基本路向。

亚里士多德的存在论思想同样值得关注。亚里士多德把一切科学分为三大类：理论的、实践的和创制的。其中理论科学，即哲学或形而上学，是最高一级的科学，研究的是“作为存在的存在”，其它各级科学则只选取存在的某一部分，研究某一种类的存在。在对存在的研究中，亚里士多德注意到了存在的多种意义，但其中最重要的，是本体（实体）。“尽管存在的意义有这样多，但‘是什么’还是首要的，因为它表示实体。”[①] 因而实体在存在论上就具有优先性，其他一切都要依附于它，而实体却可以离开一切在存在论上单独存在。这样，实体就构成了存在的核心意义，即“作为存在的存在”或“存在”本身。

亚里士多德认为“作为存在的存在”即是指实体，是作为“这一个”的“一”，是因自身而存在，而不同的属性是附属在实体上的，属性则是“多”。在存在论上实体与构成事物自身的“这一个”是同一的。因而“如若我们知道了个体的是其所是，我也理解了个体”。[②] 在这一点上，显现出亚里士多德的存在论与柏拉图的深刻区别。

亚里士多德还进一步揭示了三种不同存在方式的实体，即可感的、运动的、可毁灭的实体，可感的、运动的、永恒的实体，以及不可感的、不运动的、永恒的实体。其中只有最后一种实体构成了真正的存在。其他一切存在者都是由于它才获得了自身的存在。这样，对存在的意义的探究就集中到了对作为存在的最高本原的探究上面。

总的来看，古希腊哲学从本体的角度来研究存在问题，确立了本体

① 苗力田主编：《古希腊哲学》，中国人民大学出版社 1989 年版，第 506 页。

② 同上。

（存在本身）与经验现象的基本区分，并将对本体的追寻作为哲学思考的基本方向。

近代以来，经过笛卡尔“我思故我在”的洗礼，主体构成存在唯一的基础，也成为存在者揭示自身存在的基础。在此基础上形成了主客体的二元对立关系。由此产生的问题就是：主体如何能够认识客观事物？对这一问题的不同思考形成了唯理论与经验论两种路向。康德则试图通过批判哲学把这两种思维路向统一起来。康德一方面仍然坚持主体性的思路，认为外在经验对象实际上来自主体的建构，另一方面保存了“本体”的存在，认为本体无法通过认识的方式进行把握，但却可以在思维之中呈现。审美就处于二者之间，成为沟通二者的中介与过渡。这样审美就具有了特殊的存在论意味。

20 世纪，海德格尔对存在问题的阐释具有重要意义，产生了深刻影响。海德格尔区分了存在与存在者，认为之前人们不断追问的只是存在者，而没有触及使得存在者成为存在者的存在本身。对于存在问题的追问构成了海德格尔一生的思考方向。无论是《存在与时间》之中对此在的分析，还是后期对于艺术、诗、语言的沉思，指向的都是这一核心问题。

在《存在与时间》中，海德格尔阐明存在只有在某种存在者的理解中才能发生，而人（此在）就是这一存在者。因此海德格尔尝试通过此在这一特殊存在者进入存在问题。分析此在就是为了最终理解存在的意义。归根结底，任何存在者之为存在者，是以人对存在的理解为基础的，而人的存在就是生存。所以海德格尔称对存在的生存论分析为“基础存在论”，因为它是一切研究特殊存在者的存在论的基础，它是通向存在的意义问题的必要桥梁。

尽管海德格尔在《存在与时间》中对人的存在（此在）进行了细致研究。但综观海德格尔的思想发展可以看到，海德格尔一生思想的侧重点根本不是作为人的存在的此在，而是存在本身。诚然，在《存在与时间》中，海德格尔试图从人（Dasein）入手进入存在问题，但后来海德格尔即发现了其中的困难，遂放弃了这一思路。这样，

《存在与时间》的未完成性就容易让人产生以 Dasein 为中心、从而把海德格尔归为某种“存在主义”的误解。但事实上，“海德格尔的 Dasein 之 Da 的直接性或者说事实性（Faktizität）远不止是生命哲学或者存在主义的现实生活体验意义上的当下性概念所能够涵括”①。早在《存在与时间》的原初构想中，海德格尔就明确指出，探索存在概念的“特殊性”即在于“通过对某种存在者即此在特加阐释这样一条途径突入存在概念”②。在后来的《形而上学导论》中，海德格尔也明确提出，“在《存在与时间》的讨论中，追问存在的意义的问题第一次在哲学史上被特地作为问题提出来并发展了”③。把海德格尔的思想归结为人的个体性，就抹杀了海德格尔与萨特、与存在主义的区别，而这一点，是海德格尔一再澄清的。④ 因此，后期海德格尔尝试“不顾存在者而思存在（Sein ohne das Seiende zu denken）”⑤，把存在本身思为“在场”，而“在场意味着：解蔽（Entbergen），带入敞开（das Offene）之中。在解蔽中嬉戏着一种给出，也即在让—在场（Anwesen-lassen）中给出了在场亦即存在的那种给出”⑥。很显然，在海德格尔看来，存在是“不在场的在场”，是非形而上学化的敞开的境域。这种在场可以通过审美和艺术的方式得以展现。因此，审美与艺术的意义就在于存在真理的开启，展现出源初的存在。⑦ 由此方能见出审美与存在之间的内在关联。

海德格尔的存在论思想具有重要的方法论意义，对 20 世纪西方美学研究产生了深刻影响。仔细研究就会发现，海德格尔的存在论思想与

① 柯小刚：《海德格尔与黑格尔时间思想比较研究》，同济大学出版社 2004 年版，第 92 页。

② ［德］海德格尔：《存在与时间》，陈嘉映、王庆节修订译本，生活·读书·新知三联书店 1999 年版，第 46 页。

③ 《海德格尔选集》，孙周兴选编，上海三联书店 1996 年版，第 521 页。

④ 在《关于人道主义的书信》中，海德格尔指出，“‘存在主义’的主要命题和《存在与时间》中的那个命题毫无共同之处”。参见《海德格尔选集》，第 373 页。

⑤ 《海德格尔选集》，孙周兴选编，上海三联书店 1996 年版，第 662 页。

⑥ 同上书，第 666 页。

⑦ 可参见海德格尔《艺术作品的本源》《荷尔德林和诗的本质》《诗人何为?》等文章。

马克思的思想之间存在某种理论的共通。从存在论的角度来看，马克思的文本中已经包含着丰富的存在论思想，这也构成了实践存在论美学得以提出的理论依据。事实上，马克思在《1844 年经济学—哲学手稿》中就直接谈到了存在论（ontologisch）的问题：

> 如果人的感觉、情欲等等不仅是［狭］义的人类学的规定，而且是对本质（自然界）的真正本体论的（ontologisch）肯定；如果感觉、情欲等等仅仅通过它们的对象对它们说来是感性地存在着这一事实而现实地肯定自己，那么，不言而喻的是：（1）它们的肯定的方式决不是同样的，相反地，不同的肯定方式构成它们的此在（Dasein）、它们的生命的特点；对象以怎样的方式对它们存在着，这构成它们的享受的独特方式；（2）只要感性的肯定是对采取独立形态的对象的直接扬弃（如吃、喝、加工对象，等等），那么这同时也是对对象的肯定；（3）只要人是人性的，因而他的感觉等等也是人性的，则别人对对象的肯定同样也是他自己的享受；（4）只有通过发达的工业，即通过私有财产的媒介，人的情欲的本体论的（ontologisch）本质才既在其总体性中又在其人性中形成起来；所以，关于人的科学本身是人的实践上的自我实现的产物；（5）私有财产——如果从它的异化中摆脱出来——其意义就是对人来说既作为享受的对象又作为活动的对象的本质性对象的此在（Dasein）。①

马克思意义上的“存在论”是与人的“感性”“情欲”联系在一起的，因此作为马克思唯物主义基石的存在概念本身就是建立在人的“此在（Dasein）”之上的。例如马克思说：“任何一个存在物只有当它立足于自身的时候，才被看作独立的，而只有当它依靠自己而此在

① ［德］马克思：《1844 年经济学—哲学手稿》，刘丕坤译，人民出版社 1979 年版，第 103 页。译文据德文本有改动。

(Dasein）的时候，它才是立足于自身”[①]，“因此，对私有财产的积极的扬弃，作为对人性的生命的占有，就是对一切异化的积极扬弃，因而是人从宗教、家庭、国家等等向自己的人性的、也就是社会性的此在(Dasein）的复归”[②]。人的“此在”本质上就是社会性的，因此此在“立足于自身”并不是要成为孤立的个体，而是向作为社会性的人性的复归。所以，当马克思说“不是人们的意识决定人们的存在，相反，是人们的社会存在决定人们的意识”时，他所指的“存在”决不是现存事物或任何自然物，而是人的此在，人的生命活动。[③] 这时人的此在也绝不是孤立的个体，而是与人的整个社会生存条件结合在一起的完整存在，或者说，是“社会关系的总和”。

很明显，马克思对人的理解不是将人还原为某种抽象的本质，而是从人的全部社会关系的角度来考察人的问题。社会关系的总和就构成了人的生存世界，人与人的世界是无法分割的，人之为人就在于人始终是处于各种社会关系之中的世界性存在。因此，马克思对存在的理解，已经注意到了人与其整个的社会生存条件（世界）之间的同一性，并尝试从社会生存条件（世界）的角度来理解人的存在，这一思想方法与海德格尔《存在与时间》中的此在分析具有内在的一致性，已经具有了现代存在论的意味。

二　实践

实践概念在西方思想传统中同样有着悠久的历史。亚里士多德最早对实践进行了系统研究。他把人类的知识和活动分为理论、实践和创制三部分。其中理论主要指求知，即探寻自然的普遍原理的思想活动，实践主要指追求伦理德性和政治公正的行动，创制主要指生产某个具体产品的劳动。在亚里士多德看来，实践本身就包含着目的，它并不是要达

---

① ［德］马克思：《1844 年经济学—哲学手稿》，刘丕坤译，人民出版社 1979 年版，第 82—83 页。译文据德文本有改动。

② 同上书，第 74 页。译文据德文本有改动。

③ 邓晓芒：《马克思论存在与时间》，《哲学动态》2000 年第 6 期。

到一个外在的结果，而只需落实到活动自身。这一点就同作为创制的物质生产劳动区分开来，因为后者总是指向一个外在的功利目的，以制作出一个具体的产品。同时，实践总是体现在人的行动之中，这一点又同理论的沉思活动区分开来。“每种技艺与研究，同样地，人的每种实践与选择，都以某种善为目的。”① 因而，实践就是人的一种以善为目的的生活方式和存在方式，它最终指向了幸福，因为按亚里士多德的理解，“幸福就应当算作因其自身而不是因某种其他事物而值得欲求的实现活动。……合德性的实践似乎就具有这种性质”②。实践在这里就指的是人的道德性的生存方式，这种生存方式并不考虑外在的现实利益，“既展示着人的道德的政治的行为，表现着人作为一个整体的性质和品质，又培养着德性、建构着德性、实现着德性，并决定着人的存在状态”③，它本身就是值得追求的，对于人具有重要意义。这种从生活方式和存在方式的角度来理解的实践概念在西方思想传统中产生了深远影响，在马克思的实践观念之中也有所体现。

马克思把实践确立为人和人类社会存在和发展的根基，也构成了人的基本的存在方式，具有非常丰富的内涵。从总体上说，马克思的实践可以理解为人的历史性、社会性的存在方式，即人在与世界的相互建构中历史地、社会地生成和发展的基本方式。在《关于费尔巴哈的提纲》中，马克思就将“实践”确立为人的具有感性世界的感性活动。在第1条中马克思就指出，“从前的一切唯物主义（包括费尔巴哈的唯物主义）的主要缺点是：对对象、现实、感性，只是从客体的或者直观的形式去理解，而不是把它们当作感性的人的活动，当作实践去理解”④。在第5条中，马克思进一步指出，“费尔巴哈不满意抽象的思维而喜欢

① ［古希腊］亚里士多德：《尼各马可伦理学》，廖申白译注，商务印书馆2003年版，第3页。

② 同上书，第303页。

③ 朱立元主编：《西方美学范畴史》（第一卷），山西教育出版社2006年版，第224—225页。

④ 《马克思恩格斯选集》（第一卷），人民出版社1995年版，第54页。

直观；但是他把感性不是看作实践的、人的感性的活动”①。很显然，马克思在这里明确地把实践定义为“人的感性活动”，同时这种感性活动并不是孤立的、封闭的，而是和人的整个社会生活结合在一起。因此，马克思才会说，“全部社会生活在本质上是实践的”②。从历史唯物主义的观点来看，这种感性活动是历史地生成的，并在其中展开了人的全部的丰富性，甚至人本身也只有在这种感性活动之中才能现实地生成，“五官感觉的形成是以往全部世界史的产物”③，正是在这种感性的实践活动之中，人之感觉才能变成人的感觉，世界才能成为人的世界，人才能作为人现实地生成。因此，实践的展开的过程就是人本身不断生成、丰富和完善的过程，是对人本身不断确证的过程。这样，人与感性世界的关系就不是外在的、静止的，而是在实践活动中不断建构起来的、源初的联系。

显然，马克思的“实践”概念并不仅仅指物质生产活动，更是当下现实的、感性的活动，是广义的人生实践。这种人生实践体现着人类实践的历史成果，无疑具有群体性、历史性的内涵。但同时不可忽视的是，作为当下现实的、具体的实践，这种感性活动同样也体现在个人的层面上，具有个体性的内涵。在《德意志意识形态》中，马克思就批评费尔巴哈“从来没有把感性世界理解为构成这一世界的个人的全部活生生的感性活动”④，并认为，“在控制了自己的生存条件和社会全体成员的生存条件的革命无产者的共同体中”，“各个人都是作为个人参加的。它是各个人的这样一种联合（自然是以当时发达的生产力为前提的），这种联合把个人的自由发展和运动的条件置于他们的控制之下”⑤，这种个人的联合起来的共同体的思想在后来的《共产党宣言》

① 《马克思恩格斯选集》（第一卷），人民出版社 1995 年版，第 56 页。

② 同上。

③ ［德］马克思：《1844 年经济学—哲学手稿》，刘丕坤译，人民出版社 1979 年版，第 79 页。

④ 《马克思恩格斯选集》（第一卷），人民出版社 1995 年版，第 78 页。

⑤ 同上书，第 121 页。

《资本论》中均有延续，而那种和个人相对立的共同体则被马克思称为“虚假的共同体”。因此，无论是把实践作为“一种先在的社会性的物质活动”，还是“理解为个人具体的活动”，都是片面的，毋宁说，在“实践”的具体地展开过程之中，人（个体的和群体的、当下的和历史的）才不断地生成。这样，实践就成为一个使人和整个感性世界得以生成的“境域”，这一“境域”是非对象性、非形而上学化的，正是在这一点上，“实践”概念与“存在”概念存在着契合的可能。

可以看到，马克思通过对实践作为人的现实的、具体的、历史的生存活动和基本存在方式的确认，在存在论层面超越了主客二分的认识论模式，海德格尔对此有着明确认识。他说：“综观整个哲学史，柏拉图的思想以有所变化的形态始终起着决定性的作用。形而上学就是柏拉图主义。尼采把他自己的哲学标示为颠倒了的柏拉图主义。随着这一已经由卡尔·马克思完成了的对形而上学的颠倒，哲学达到了最极端的可能性。”① 着眼于我们的问题，这一提示对于我们理解马克思思想的存在论内涵具有重要意义。

也就是说，马克思充分肯定了人的实践在存在论上的逻辑在先性，这对于传统本体论来说具有突破性的意义，它使得“清除实体、主体、自我意识和纯批判等无稽之谈”② 成为必然。它的结果是，传统本体论上的所有概念，如先验、绝对、先天、主体、实体等概念都不能被看作是自明的了，这些观念不再被看作“实体”，而是被理性设定为实体的，最终只有被还原到实践中来，在实践中才能获得自己的意义。正如马克思所说，“思想、观念、意识的生产最初是直接与人们的物质活动，与人们的物质交往，与现实生活的语言交织在一起的。人们的想象、思维、精神交往在这里还是人们物质行动的直接产物。表现在某一民族的政治、法律、道德、宗教、形而上学等的语言中的精神生产也是这样。人们是自己观念、思想等等的生产者，但这里所说的人们是现实

① 《海德格尔选集》，孙周兴选编，上海三联书店 1996 年版，第 1244 页。

② 《马克思恩格斯选集》（第一卷），人民出版社 1995 年版，第 75 页。

的、从事活动的人们，他们受自己的生产力和与之相适应的一定交往的发展——直到交往的最遥远的形态——所制约。意识［das Bewuβtsein］在任何时候都只能是被意识到了的存在［das bewuβte Sein］，而人们的存在就是他们的现实生活过程”①。人从来不是抽象的，而是始终处于现实之中、受到生产力条件和交往形式制约的实践活动中的人。换句话说，人是实践地生存着的，人的现实存在就是他们的现实生活即实践的过程。

三　实践、存在的契合与实践存在论美学

不可否认，由于传统的实践美学囿于认识论的框架、陷于主客二分的思维模式，并且把实践仅仅理解为物质生产实践，从而错失了实践本身的丰富性内涵，无法准确地解释审美现象。我们已经阐明，实践在西方思想源头处作为人的合乎德性的活动本身就具有现实生存的理论指向，可以说，实践与存在在理论上本来就具有彼此契合和融通的可能。

在概念的内涵上，《存在与时间》中存在是人的生存活动，是人的“在世界之中存在”。这种生存首先是感性的、情绪性的，体现为各种“现身情态”（Befindlichkeit）。可以说，正是在这种源初的“现身情态”的基础上，对事物的思考、判断、理解才得以可能。马克思所理解的实践也是人的实践，是具体的感性活动。因此，在人的感性活动的意义上，实践与存在二者存在彼此契合的可能，或者说，从现代存在论的视角更能够凸显出马克思的实践观念的存在论维度。

在存在状态上，二者都是非对象性的、境域性的活动。存在不是对象性的、具体的存在者，而是使得具体的存在者得以可能的源初境域。正是在人的“在世生存”的整体结构之中，世界之为世界以及人的各种具体对象才能显现出来。马克思的实践同样不是人的对象，而是人与其对象得以生成的现实活动。在实践的历史性进展之中，人作为人才得

① 《马克思恩格斯选集》（第一卷），人民出版社 1995 年版，第 72 页。

以产生，对象作为人的对象也才得以生成。实践成为主客体得以产生的源初境域。正是在这个意义上，实践突破了主客二分的思维模式，体现出存在论的内涵。

因此，马克思对于实践的理解包含着丰富的存在论内涵，实际上已经突破了主客二分的思维模式，实践成为人与人的世界生成的基本境域，这在某种程度上接续了亚里士多德以来对实践理解的基本方向。正是在马克思对实践理解的基础上，实践存在论美学努力超越主客二分的思维模式和认识论的理论框架，把美与人生实践紧密联系起来，为进一步推进当前中国美学的发展进行了有益的尝试。

在对实践的理解上，实践存在论美学将实践理解为人生实践，理解为人生在世的基本方式。这种对实践的理解接续了古希腊以来将实践与人的行动联系起来的思想传统，并从马克思的《关于费尔巴哈的提纲》《1844 年经济学—哲学手稿》获得直接的理论资源。在马克思看来，实践是感性的、具体的，是人与人的世界得以生成的历史过程。因而实践不是一个具体的对象，而是人与人的世界乃至各种对象得以生成和展现的前提和基础。在这个意义上，实践不是存在者，而是具体的、现实的存在。

在对存在的理解上，实践存在论美学将存在理解为人的存在，理解为处于实践活动之中的人生在世。海德格尔在《存在与时间》中明确区分了存在与存在者，并对人的生存做了细致分析。人的生存不是一个确定的对象，不是一个存在者。生存是感性的、情绪性的活动，正是在人的生存活动之中，人以及人的对象才得以显现出来。从这一视角来看，生存也就是广义的人生实践。

实践存在论美学认为，生存始终是人的生存，实践也是人的实践，实践作为人的感性的、现实的活动具有存在论的内涵。由这一实践概念出发，审美活动就是一种特殊的人生实践，是一种特殊的生存方式。由此实践存在论美学尝试沟通“实践”与“存在”两个概念，以一元性的审美活动为起点，建构起整个美学体系。实践是广义的人生实践，是人生在世的基本样态。审美活动是存在性的、人的本真的存在方式，这样就把审美与人的存在、与人的实践活动联系起来，在人的在世生存（In-der-Welt-Sein）中凸显出审美的意义。沿着这一思路，实践存在论美学提出了一系列颇有新意的美学命题："美是生成的而不是现成的""审美活动是一种基本的人生实践""广义的美是一种人生境界"等，并以此为主旨，从审美活动出发，初步建立起一个包括"审美形态论""审美经验论""艺术审美论"和"审美教育论"的较为完整的、动态生成的理论体系。[①] 因此，从实践与存在概念及其相互关系出发，可以帮助我们准确理解和把握实践存在论美学的基本特色和理论创新之处，给我们提供一条进入实践存在论美学的有效路径。

从理论上来看，实践存在论美学一方面强调要回到马克思，恢复实践的感性活动的本义和人生实践的丰富内涵，使之成为审美活动的基础和起点，坚持实践概念的在美学理论中的基础性地位，同其他后实践美学划清界限；另一方面把海德格尔对存在的思考、对此在的分析引入实践概念，建立起"实践"概念的在世结构，以避免传统实践美学把"实践"概念抽象化、形而上学化的做法，从而使"实践"成为人的本真的存在方式，成为审美活动得以开启和展开的一个源初"境域"。这样就能在整个西方思想传统的理论背景之下使马克思的实践概念和海德格尔对存在的思考有效沟通，既不是把马克思海德格尔化，更不是把海德格尔马克思化，而是在二者的平等对话中开启出崭新的理解视域和话语空间。

应当看到，尽管传统实践美学在思维方式和理论框架上存在着诸多弊端，但并未穷尽实践美学的理论潜力。由于实践概念本身具有巨大的理论包容性和阐释空间，实践美学就可以也能够在与其他美学思想的交流、对话中，不断地调整和丰富自己，为中国美学的进一步发展探索一条新的途径。在这方面，实践存在论美学的思路或许可以给我们一些启发。

---

① 参见朱立元《走向实践存在论美学——实践美学突破之途初探》，《湖南师范大学社会科学学报》2004 年第 4 期；朱立元主编《美学》，高等教育出版社 2001 年版。

第三节　关于实践存在论美学的反思与展望

作为当代中国美学发展的一项重要成果，实践存在论美学试图在坚持传统实践美学基本框架的基础上，吸纳各种后实践美学思想对实践美学批判的合理因素，在马克思的存在论思想基础上推进实践美学的发展。与传统的实践美学相比，实践存在论美学对马克思思想的存在论维度的彰显、对实践概念的重新解读，以及对审美活动的生成论阐释等显然更具现代美学气息；而与各种后实践美学思想相比，实践存在论美学始终坚持实践概念的核心地位和历史唯物主义的思想方法，则显现出更为开放、自觉的马克思主义美学立场。这使得实践存在论美学从一开始就具有了极大的包容性与开放性，在当代美学发展中显现出其独特的理论姿态。

当前，实践存在论美学仍处于进一步发展的过程中。毋庸讳言，实践存在论美学的理论体系本身还存在一些不够完善之处，一些理论问题还需要更为细致的研究和论证，而这正是需要我们着力思考和加以推进的。因此，从更具建设性的角度探讨实践存在论美学的理论价值、存在的问题及其进一步完善的可能在当前就显得尤为必要，这不仅仅对于实践存在论美学的进一步发展具有直接的推动作用，而且对于整个当代中国美学的发展也具有重要的理论价值和借鉴意义。

一　美学如何关注现实存在

实践存在论美学的提出有着十分明确的问题意识，即立足于当代中国美学的发展，准确把握和思考 20 世纪西方美学发展的整体趋向，以此为参照反思中国当代美学存在的种种局限与不足，进而寻求理论突破的具体途径。因此，实践存在论美学对于继承和发展当代中国美学发展的成果，尤其是实践美学的理论成果有着充分的理论自觉。具体来看，实践存在论美学一方面肯定了实践美学在整个中国当代美学发展中的重要地位和贡献，但同时也充分注意到了实践美学的内在缺陷与不足，正如朱立元所指出的，“实践美学主要的问题是：第一，有的美学理论家在将实践引入美学时有一些简单化的倾向，即把实践范畴直接作为美学的逻辑起点，或直接作为解决美学基本问题（如美的本质、美感的本质等）的万能范畴，因此给人以一般化和大而无当之感，缺乏理论说服力。第二，有的美学理论家如李泽厚对实践范畴理解较窄，单纯停留于物质生产劳动这一含义上，而未把种种人生实践，如道德实践、交往活动和精神文化活动（即马克思所说的精神劳动或精神实践）考虑在内。第三，由于对‘本体论’的某种误解，有的美学理论家未真正从存在论角度看待实践论，因而在以实践论为美学的哲学基础时仍不能跳出认识论的思维框架”[①]。不同于许多后实践美学思想对实践概念作为美学核心概念的否定和质疑，实践存在论美学始终坚持实践概念的核心地位，并在此基础上寻求突破认识论思维模式的有效途径。因此，实践存在论美学的提出始终植根于当代中国美学发展的宏观背景之中。

同时，实践存在论美学的提出也立足于对 20 世纪西方美学发展趋向的理解和把握。在实践存在论美学看来，20 世纪西方美学的发展显现出对主客二分思维方式的反思和超越，而当代中国美学的根本局限，也在于始终未能真正跳出主客二分的认识论思维模式，因此，“新世纪中国美学学科建设如果要取得大突破，关键恐怕在于突破、超越传统的二元对立思维方式”[②]。正是基于这一判断，实践存在论美学自觉地将超越主客二分作为自己的理论追求，这构成了实践存在论美学得以形成的理论参照。

因此，实践存在论美学从一开始就试图反思并解决影响当代中国美学发展的根本问题，体现出明确的问题意识和现实针对性。但是，目前实践存在论美学对当代中国美学的回应更多地体现在思维方式和理论基础的反思等更为宏观的方面，更多地关注自身理论体系的建构与完善。而在对现实审美和艺术活动的关注与把握方面则仍显不足。因此，如何

① 朱立元：《走向实践存在论美学》，苏州大学出版社 2008 年版，第 46 页。

② 同上书，第 40 页。

更深地切入人们的现实生活和审美活动，如何对当代日趋复杂的审美活动做出有效的回应，这是实践存在论美学亟待解决的问题，也是进一步推动实践存在论美学向纵深发展的有效途径。当代中国美学已经呈现出多元发展的理论态势，社会文化的发展也日趋复杂，在此背景中，审美活动也显现出更为复杂的面相。它不再局限于传统的艺术和审美活动，而是更为密切地进入人们的日常生活，表征着这一时代人们的审美理想和生活追求。因此，美学如何介入人们的社会存在与社会生活，如何对当代文化，尤其是流行文化、大众文化做出理论回应，就成为体现理论生命力的重要途径。在这一方面，实践存在论美学事实上有着广阔的发展空间，它对于人的实践活动丰富性的关注，对于人的社会性生存的理解和把握都为实践存在论美学进入当代文化和审美活动奠定了基础。这方面的深入研究也许更能体现出实践存在论美学的当代语境及其现实意义，也会成为新的理论生长点。事实上，近年来，国内学界不断产生出的一些新的理论话题，如关于日常生活审美化的讨论，关于文化研究、关于媒介等问题的思考，都与人们当代生存方式的变化息息相关，对这些问题的思考无疑会为美学研究开辟新的领域、带来新的活力。因此，实践存在论美学完全可以通过对现实审美和艺术活动的关注和思考来推动理论的不断发展和完善，将理论建构与具体的审美经验分析相结合，这会给理论的发展带来更为广阔的发展空间。

二　西方思想史中的实践观念

存在问题是一个古老的问题，早在古希腊时期，巴门尼德就首先思考了这一问题，而亚里士多德则奠定了思考存在问题的基本方式。之后，不同时期人们都从不同的角度对这一问题进行了思考。20 世纪，海德格尔的阐发又使存在问题以新的方式进入了人们的视野。可以说，存在既是形而上学的最高范畴，也是一个最基础的范畴，对存在问题的思考构成了理解西方哲学思想的一条重要线索。

20 世纪，海德格尔对存在问题的思考使这一问题进入了一个新的视野，对于当代哲学、美学的发展产生了重要影响。海德格尔关于存在与存在者的区分、关于“在世界之中存在”（In-der-Welt-Sein）的思想，等等，对于突破西方长期以来主客二分的思想方式具有重要意义。

实践存在论美学以突破主客二分的思想方式作为自己的理论目标，很自然地，现代存在论思想就进入其理论视野之中。但是，通过对马克思经典著作的重新解读，实践存在论美学揭示出马克思实践观本有的存在论维度，并结合西方思想史的发展，指出马克思对实践范畴的理解与整个西方思想史之间的内在联系，这一点对于突破传统实践美学的局限具有重要意义。如前所述，在实践存在论美学看来，传统实践美学的一个重要局限就是对马克思的实践概念理解得过于狭窄，仅仅限于物质生产活动，而忽视了实践范畴更为丰富的内涵。在这一点上，实践存在论美学无疑受到了海德格尔思想的启发，而且，从“存在”入手，的确可以很好地切入当代中国美学发展的内在问题。正是由此出发，实践存在论美学才开始了突破认识论思维框架的理论尝试。

尽管实践存在论美学的提出受到了海德格尔存在论思想的启发，但构成这一理论核心与基础的，却是对于马克思实践观的存在论维度的深刻体认。“毋宁说，正是通过对海德格尔存在论思想的领悟这一中介，马克思实践唯物主义理论中本来就包含着的存在论维度向我们呈现出来了，海德格尔现象学存在论，启发我们重新学习领会马克思的实践哲学，进而发现了由于种种原因长期被遮蔽的马克思实践观本身具有的存在论维度，而且，这种存在论在马克思实践观中是核心和基础性的。”①在实践存在论美学看来，马克思的实践观本身就包含着存在论的维度，而不是也不需要将海德格尔的存在论思想引入马克思的实践观之中。因此，在具体论证中，实践存在论美学始终自觉地从马克思的经典著作出发，立足于细致的文本分析来阐释其存在论思想。经过深入地研究和解读，现代存在论的一些基本命题，如人在世界之中存在，存在与存在者的区分等实际上在马克思那里已经出现，并具有更为深刻的涵义，而其

① 朱立元：《海德格尔凸显了马克思实践观本有的存在论维度——与董学文等先生商榷之三》，《社会科学》2010 年第 2 期。

枢机就在于对实践概念的理解。在这一点上，实践存在论美学并不否认物质生产劳动在人类实践活动中的核心地位，并认为这实际上构成了马克思对西方传统实践观的重要推进与发展。但同时，马克思的实践范畴从来就不局限于物质生产活动（尽管物质生产活动在实践活动中具有核心地位），而是指向了人的感性存在，即整个社会生活。很显然，马克思实践观的存在论维度不仅给我们展现出马克思思想的一个更为广阔的视野，同时也为我们反思现代存在论思想提供了一个新的理论起点。

应当看到，实践存在论美学对马克思实践观念的存在论维度的探察力图打通传统实践观念与存在论思想之间的壁垒，对于我们重新理解马克思的思想、重新理解实践美学、重新理解现代存在论思想都具有重要的启发意义。当然，将实践观与存在论相联系，的确是一个大胆的理论尝试，这一点也很容易引起那些固守传统实践美学立场的学者的误解和质疑，这在2009年以来学界关于实践存在论美学的理论论争中已很明显地表现出来（参见本书下一章相关内容）。双方论争的一个焦点问题，就在于马克思的实践观念是否具有存在论的内涵、能否从存在论的角度解读马克思的实践观念。经过反复地讨论、商榷，对这一问题的论证也更加细致、严密。但是，目前实践存在论美学对马克思实践观念的存在论维度的解读，更多地仍着眼于对马克思经典著作的阐发（这当然非常必要），而对于马克思的存在论思想在整个西方思想史上的地位，及其与其他存在论思想之间的关系等问题，则论证得还不够充分，从思想史的角度对于马克思的存在论思想进行研究和定位还显不足。① 马克思思想的存在论维度这一问题是整个实践存在论美学的基础问题，因此，系统、全面地阐发这一问题对于建构实践存在论美学体系就显得尤为重要。如果能够从西方存在论思想的整体发展中给予马克思存在论

① 这一问题在一些论文中有所涉及，如朱立元《海德格尔凸显了马克思实践观本有的存在论维度——与董学文等先生商榷之三》（《社会科学》2010年第2期）比较了马克思存在论思想与海德格尔存在论思想之间的关系；寇鹏程《实践存在论美学的理论与现实根基》（《社会科学》2010年第2期）比较了马克思存在论思想与西方存在主义，但还缺乏更为全面、系统的研究。

思想以准确的定位与分析，则无疑会更具理论说服力。

三　审美境界与人生实践

在对审美活动的界说中，实践存在论美学以中国传统的“境界”概念来思考审美，提出了“审美是一种高级的人生境界”的理论命题，把人生境界的创造与提升作为审美活动的最终指向，这体现出力图会通中西方美学思想的理论努力，具有十分重要的理论价值。

实践存在论美学将审美境界作为人生实践的最终指向，对此朱立元指出，“审美境界属于比较高层次的人生境界，审美境界高于、不同于一般的人生境界，是对人生境界的一种诗意的提升和凝聚，也可以说是一种诗化了的人生境界”，因此，“审美境界是一种特殊的人生境界，最高的人生境界往往就是最高的审美境界，人生境界与审美境界、艺术境界只有在实践存在论的意义上才是相通的”。[①] 在这里，朱立元将审美境界描述为一种“诗意”或“诗化”的人生境界，作为人生实践的最高追求，始终强调审美与人生的共通，强调审美的开放性，认为只有植根于生存实践，审美境界才成为可能，也才具有意义。

审美是一种高级的人生境界，也就是说，当人的境界性生存达到了一种较高层次的时候，就会体现出审美的内涵。这种较高层次的生存意味着人能摆脱物质生存的囿限，摆脱功利化的考量，自觉追求某种超越性的生存意义。这一论断实则有着深刻的美学史的渊源，在中西方美学发展中均有不同程度的体现。《论语》“子路、曾晰、冉有、公西华侍坐章”中关于“莫春者，春服既成，冠者五六人，童子六七人，浴乎沂，风乎舞雩，咏而归”（《论语·先进》）的描述，既是人生境界的呈现，又体现出深刻的审美内蕴。《庖丁解牛》的故事之中，人物在解牛过程中的行动（“手之所触，肩之所倚，足之所履，膝之所踦，砉然向然，奏刀騞然，莫不中音。合于《桑林》之舞，乃中《经首》之会”），乃至最终的精神状态（“提刀而立，为之四顾，为之踌躇满

① 朱立元：《走向实践存在论美学》，苏州大学出版社 2008 年版，第 322、323 页。

志”）都无不体现出审美意味。因此，以审美境界为人生的最高境界，构成了中国古典美学的基本精神。[①] 徐复观通过对儒道两家思想的考察，认为尽管在对人生境界的理解上存在差异，但两家思想都体现出对人生境界的追求。因此，“为人生而艺术，才是中国艺术的正统”[②]。不难看出，人生与审美的会通构成了中国古典美学的基本指向。在这一点上，实践存在论美学体现出鲜明的中国特色。

同样，西方从古希腊开始，就十分重视审美的作用，在希腊人的语境中美具有最高的价值。柏拉图《会饮篇》在描述了著名的“美的阶梯”之后指出，“这种美本身的观照是一个人最值得过的生活境界。……只有循这条路径，一个人才能通过可由视觉见到的东西窥见美本身，所产生的不是幻相而是真实本体……如果凡人能不朽，也只有像他这样才可以不朽”。[③] 很显然，美构成了人的生活的最高追求，是凡人获得不朽的重要途径，由此凸显出古希腊语境中“美”的重要意义。而近代以来现代性思想的兴起，更在新的语境中赋予审美以重要价值。在席勒、谢林、尼采、福柯等人那里，都在不同程度上注意到了审美与人生之间的密切关联，都从不同的角度彰显了审美对于人的生存的重要意义。

实践存在论美学立足于一元化的存在论的实践活动，把审美与人的生活、人的现实的存在联系起来，突破了审美与人生各自的囿限，以境界概念沟通二者，凸显出审美的人生指向。这样就在审美与人生的共通性中来理解境界，赋予了传统境界概念以全新的、更为丰富的内涵。更加重要的在于，这一思想通过对中国传统美学概念的阐释面对当代美学发展所出现的问题，有效涵纳当代西方思想资源，体现出极为开放的理论视野。

---

① 李泽厚、刘纲纪：《中国美学史》（先秦两汉编），安徽文艺出版社 1999 年版，第 31 页；李泽厚《中国思想史论》（上），安徽文艺出版社 1999 年版，第 314 页。

② 徐复观：《中国艺术精神》，华东师范大学出版社 2001 年版，第 82 页。

③ ［古希腊］柏拉图：《文艺对话集》，朱光潜译，人民文学出版社 1963 年版，第 273—274 页。

实践存在论美学将审美作为高级的人生境界，体现出会通中西方美学的理论努力，也开辟了一个全新的理论论域，无疑极具启发性。但在这方面，实际上还有很多问题需要更为深入细致的研究。目前实践存在论美学对于境界概念的阐释还显得较为宽泛，对于人生境界、审美境界的内涵也缺乏更为具体的说明和论述，还未能把实践存在论美学的境界思想，尤其是审美境界与中国传统美学资源进行有效融合，未能在中国美学的历史发展中充分挖掘出境界概念的理论潜质。因此，如何给予审美境界以更具体的规定性以实现境界思想与当代思想的有效对话，如何更为细致地展现审美境界与人生实践之间的内在关系，以及审美境界与其他人生实践活动之间的关系等就成为当前亟须解决的问题。对这些问题的思考无疑会进一步彰显实践存在论美学视野中境界化审美的价值与意义，也会进一步拓展和丰富实践存在论美学的理论内涵。可以肯定的是，这些研究将可以为实践存在论美学提供更为充分的中国美学的独特语境，也将进一步凸显其作为中国美学的理论品格。

第四章　关于实践存在论美学的理论论争

实践存在论美学产生以来，以其创新性的姿态拓展了当代美学的研究，但也引发了一些质疑和批评。2009 年开始，学界陆续有学者发表了一系列文章对实践存在论美学提出批评和质疑。[①] 对此，实践存在论美学的创始人朱立元也写文章进行了回应，[②] 从而在学界掀起了一场关于实践存在论美学的论争。在对这些批评和质疑的思考、回应之中，实践存在论美学也一步步地逐渐走向完善。可以说，这场理论论争对于实践存在论美学的发展具有重要的推进作用。这一论争虽是围绕实践存在论美学展开，但却涉及对中国实践美学乃至整个马克思主义美学历史发展的总体认识和评价，以及对当代中国美学未来进一步发展路向的思考等重大问题，因而具有十分重要的理论意义。对这些理论论争的总结也将给我们显现出实践存在论美学的基本思想及其理论发展的基本走向。

---

① 有关的文章主要有：《“实践存在论”美学、文艺学本体观辨析——以“实践”与“存在论”关系为中心》［《上海大学学报》（社会科学版）2009 年第 3 期］、《“实践存在论”美学何以可能》［《北京联合大学学报》（人文社会科学版）2009 年第 2 期］、《超越“二元对立”与“存在论”思维模式——马克思主义实践观与文学、美学本体论》［《杭州师范大学学报》（社会科学版）2009 年第 3 期］、《“实践存在论美学”的缺陷在哪?》［《内蒙古师范大学学报》（哲学社会科学版）2009 年第 4 期］等。

② 朱立元等人的回应文章主要有：《全面准确地理解马克思主义的实践概念——与董学文、陈诚先生商榷之一》［《上海大学学报》（社会科学版）2009 年第 5 期］、《略论马克思主义实践观的存在论维度——与董学文、陈诚先生商榷之二》（《探索与争鸣》2009 年第 10 期）、《海德格尔凸显了马克思实践观本有的存在论维度——与董学文等先生商榷之三》（《社会科学》2010 年第 2 期）。

归纳起来，双方的争论主要围绕以下几个核心问题展开，本章将分别进行阐述。

第一节 关于“实践”概念的论争

“实践”概念是实践哲学、美学的核心概念，实践存在论美学正是在对实践概念的理解上与传统实践美学显现出理论上的分野。事实上，实践不仅仅是马克思主义的一个重要概念，也是西方哲学中的重要概念。早在古希腊时期，亚里士多德就对实践进行了系统研究，对西方思想后来的发展产生了深刻影响。在亚里士多德看来，实践与理论和创制不同，是人的以自身为目的的行动，其本性是求善。这种对实践的理解也体现在马克思的实践观念之中。可以说，马克思对实践概念的理解既有对西方传统实践观念的继承，更有在此基础上的突破与创新，这也对美学研究产生了基础性的影响。因此，对“实践”概念的不同理解在某种程度上就决定了对整个实践哲学、美学的理解上的差异，关于这一概念的争论在整个关于实践存在论美学的争论中也具有根本性的意义。

在对马克思实践概念的理解上，批评者通过对马克思的《关于费尔巴哈的提纲》和《德意志意识形态》等文本的解读，认为“马克思所讲的‘实践’，是指人的物质劳动和革命实践，既包括最初的本源意义上物质活动和物质交往的含义，也包括在现实基础上社会活动和革命实践的含义”。这里，批评者认为“实践”在马克思那里有着明确具体的规定，即物质劳动和革命实践，因此它并不能涵盖人的所有活动，“不能涵纳人类的一切行为和世间的万物”。从这种观点来看，实践对于人就具有了“根本性的意义”：

> 实践是人的活动的总称，是外在客观自然界向人的生成的途径和方式，是人改造自然世界和建立社会关系的基础。实践是一种变革的力量，它推动社会和历史的变迁。实践决定着人的存在，即决定着“现实的历史的人”的存在，因而对于社会存在和人的存在

来说，它具有根本性的意义。但是，实践不能决定物质的客观存在，不能决定世界的物质统一性问题，也不能涵纳人类的一切行为和世间的万物。①

根据这种观点，人的实践活动与“物质的客观存在”就是彼此对立的，这明显体现出在对实践概念的理解上主客二分、二元对立的思维方式。从这样的观点来看，实践就“不能涵纳人类的一切行为和世间的万物”，因而实践存在论美学所理解的“人生实践”就将“实践”概念“过分广义化了”，是对马克思思想的“曲解”。

另外，也有学者总结了马克思对“实践”和“理论”这些概念的应用，认为马克思的实践是“人类有目的的社会认知和改造活动。它是认识的一个环节，主要表现为一种群体行为、组织行为”，因此将实践理解为“人生实践”是违背了马克思的本意的。②

针对这些批评，朱立元认为，不能抽象地、孤立地考察马克思对“实践”概念的理解，而应当在西方思想传统的宏观背景下讨论马克思的“实践”概念，注意马克思的思想与整个西方学术思想之间的承继关系。众所周知，实践概念是西方思想传统中的一个主要概念，亚里士多德最早对这一概念进行了系统研究。在亚里士多德看来，实践作为人的活动与理论、创制不同：理论是通过沉思来求知，创制是通过行动实现一个外在的目的，而实践是通过行动来求善。实践凸显了人类生活中的一个以自身为目的的行动的领域。在这个领域中，行动来自于人的自主选择，其本身就是目的。因而在亚里士多德那里，物质生产劳动以某个具体的产品为目的，并不属于实践的范围，这一点与马克思的实践观念有其内在联系。

通过研读马克思《1844 年经济学—哲学手稿》《关于费尔巴哈的提

---

① 董学文、陈诚：《“实践存在论”美学、文艺学本体观辨析——以“实践”与“存在论”关系为中心》，《上海大学学报》（社会科学版）2009 年第 3 期。

② 温玉林：《“实践存在论美学”对马克思实践观的误读》，《文艺理论与批评》2013 年第 4 期。

纲》《德意志意识形态》《〈政治经济学批判〉导言》等经典文献，朱立元认为，“在马克思那里，‘实践’概念的使用从来是广义的，‘实践’的意义实际上既包含了作为基础的物质生产劳动，也包含了政治、伦理、宗教等人的现实活动，还包括了艺术、审美和科学研究等精神生产劳动”①。因此，不能仅仅把实践狭隘地理解为人的物质生产劳动。作为人的感性活动的实践，包括了人的生活的各个领域，既有物质的，也有精神的，既有认识的，也有审美的。因此，在马克思那里，实践实际上具有“生存”的内涵，可以称之为“人生实践”。

在朱立元看来，批评者对于“实践”的理解实际上是把“实践”与世界的“物质统一性”“客观存在性”人为地对立了起来，而这恰恰是马克思一再批评的机械唯物主义或旧唯物主义的物质本体论，是非马克思主义的。因此，正确的态度是：“必须而且只能从人的社会存在、社会实践的角度，去看待所谓的‘客观存在’；如果不与人的社会存在、社会实践发生关系，所谓的‘客观存在’就没有意义。”② 也就是说，并不存在抽象的、脱离了人的、与人没有关系的客观存在，那种存在对人来说没有意义。客观存在只有在人的社会实践过程中才能获得自身的规定性。

而且，朱立元认为批评者在谈及“实践”概念时说得很笼统，有时又自相矛盾。如认为“马克思所讲的‘实践’……既包括最初的本源意义上物质活动和物质交往的含义，也包括在现实基础上社会活动和革命实践的含义”。这种说法就显得非常笼统。如果说“实践”除了“物质活动和物质交往的含义”外，也包括“在现实基础上社会活动和革命实践的含义”，那么具体都有哪些社会活动呢？批评者恰恰在这一根本问题上语焉不详，并未做出更为具体的阐释。而把“实践”定义为“人的物质劳动和革命实践”又与“实践是人的活动的总称”的表

---

① 朱立元：《全面准确地理解马克思主义的实践概念——与董学文、陈诚先生商榷之一》，《上海大学学报》（社会科学版）2009 年第 5 期。

② 朱立元、刘旭光：《略论马克思主义实践观的存在论维度——与董学文、陈诚先生商榷之二》，《探索与争鸣》2009 年第 10 期。

述相互矛盾。[①]

可以看到，双方争论的焦点在于，究竟应该如何来理解马克思的“实践”概念？是广义的人生实践还是狭义的物质劳动和革命实践？实际上，从西方思想的发展来看，实践概念从来就没有局限在物质生产劳动之中。亚里士多德将实践理解为与理论和创制并列的一种基本的人类活动，康德意义上的实践则是纯粹理性自身的实践能力的体现，是人的自由和道德的行动。而马克思则坚持从人的感性的、现实的存在的角度来理解人和人的实践，从人本身来理解人。马克思指出，“任何一个存在物只有当它立足于自身的时候，才在自己的眼里是独立的，而只有当它依靠自己而存在的时候，它才算立足于自身”[②]。也就是说，必须从人自身出发来理解人本身，而不是从某种形而上学的预设观念。传统的宗教恰恰是从某种虚幻的形而上学式的存在来思考和规定人，使人失掉了他的独立性。因此，“对宗教的批判最后归结为人是人的最高本质这样一个学说，从而也归结为这样的绝对命令：必须推翻那些使人成为被侮辱、被奴役、被遗弃和被蔑视的东西的一切关系”[③]。马克思不再将人的本质归结为某种形而上学存在，在他看来，决定人的本质和存在的就是人本身。而人本身在马克思看来绝不是抽象的，而是具体的、现实的，是处于实践活动之中的。

当我们立足于人自身就会发现，感性的、现实的人在生活中会接触到各种各样的事物和现象，发生各种各样的关系。正是在这些复杂的社会关系之中，人才成为现实的人。因此，人正是在自己的实践活动之中得以生成，而实践活动也不完全是物质生产实践，而是涵盖了人的生活的广大领域。可以说，人的生活的内容就是实践的内容，人的生活的范围就是实践的范围。在马克思看来，实践就是广义的生活实践。由此也

---

① 朱立元：《全面准确地理解马克思主义的实践概念——与董学文、陈诚先生商榷之一》，《上海大学学报》（社会科学版）2009 年第 5 期。

② ［德］马克思：《1844 年经济学—哲学手稿》，刘丕坤译，人民出版社 1979 年版，第 82—83 页。

③ 《马克思恩格斯选集》（第一卷），人民出版社 1995 年版，第 9—10 页。

可以看到，实践本身就是社会性的。马克思“人的本质不是单个人所固有的抽象物，在其现实性上，它是一切社会关系的总和”[①]这一命题，确立了马克思讨论人的问题的根本思路，即表明马克思不再从抽象的人的类本质来设定人应该是怎么样的，而是从人的现实的社会关系中去揭示人可能是怎么样的。这具体体现在马克思对资本主义的深刻分析之中。正是从对资本主义的生产方式、社会关系的研究出发，马克思揭示了资本主义社会之中人的生存方式，并进一步思考了人类解放的具体途径。可以说，对马克思实践概念的辨析能够让我们重新发现马克思思想中所蕴含的理论潜力及其对美学研究所具有的深刻意义。

实践是传统实践美学和实践存在论美学的核心和基础性概念，朱立元正是在重新阐发马克思的“实践”概念的基础上提出自己的实践存在论美学思想的。可以说对实践概念的理解直接关涉到对实践存在论美学理论可行性的理解和评价，因而这一问题在整个争论中具有根本性的意义，构成了不同思想的分水岭。论争中双方都立足于马克思的经典文本来阐明自己的主张，应当说都不无文本上的依据。但问题是如何才能更为全面、准确地理解马克思的思想，如何才能挖掘出马克思思想中所蕴含的理论潜力以体现出其时代性和当下性。理论问题的研究很显然不能固步自封，而需要不断地面对现实问题积极地做出回应，由此才能推动理论研究不断地向前发展。实践存在论美学显然注意到了实践概念在西方思想史上的理论渊源，同时吸收了当代存在论的基本思想，发掘出马克思思想中本有的存在论内涵，从人生在世的角度来理解马克思的实践观念，理论视野显得更加开阔，也更具现代气息。事实上，关于如何理解实践概念的问题并不是一个新问题，在20世纪五六十年代的美学大讨论中，就有过类似的争论（李泽厚与朱光潜就在这一问题上形成了理论上的分野）。[②]回过头来看，这也

① 《马克思恩格斯选集》（第一卷），人民出版社1995年版，第56页。

② 关于美学大讨论中就“实践”概念的争论，可参见阎国忠《走出古典——中国当代美学论争述评》（安徽教育出版社1996年版）中的相关章节。

反映出“实践”概念的确蕴含着深厚的理论潜力，对于建构当代马克思主义美学体系具有基础性的作用。从阐释学的角度来看，在当代的思想背景中挖掘实践概念的理论潜力以建构当代美学体系有其理论上的合理性。因此，这一问题由于实践存在论美学的论争而在当代重新进入人们的理论视野也就不足为奇了。

第二节 关于本体论与实践本体论的论争

在对实践存在论美学的哲学基础的理解上，批评者认为，“实践存在论”的前身是建立在“实践唯物主义”基础上的“实践本体论”。因此，在论争中采取了釜底抽薪的方法，首先对“实践唯物主义”和“实践本体论”提出质疑，以此来论证实践存在论美学在理论上的不成立。在批评者看来，在马克思主义经典作家那里，实践唯物主义实际上是一个并不存在的概念，因而建立在实践唯物主义基础上的所谓“实践本体论”也就十分可疑了。同时，“实践本体论”看似以上述“实践唯物主义”为依据，走在唯物主义轨道上，但事实上，它的理论解释却完全落到了所谓的“实践”上面，确切地说，是落在了所谓“实践”的“能动性”上面。当“实践”的能动作用被人为地无限发挥，而对现实的物质基础却置若罔闻的时候，这种“实践”就有了可能走向主体性的“精神实践”的危险，陷入唯心主义的泥潭。这时，实践本体论就丧失了唯物主义的基础，成为“实践唯心主义”。因此，“实践本体论”的理论结果，是给区分和辨别马克思主义与实用主义制造了困难，给理解辩证唯物主义实践观造成了麻烦。其实质正在于把主体和客体发生关系的活动，当成了事物的“本体”性存在，从而给以“实践”为遮掩的唯心主义打开方便之门。①

还有论者认为实践存在论美学固然力图突破传统本体论包含的本质

① 董学文、陈诚：《“实践存在论”美学、文艺学本体观辨析——以“实践”与“存在论”关系为中心》，《上海大学学报》（社会科学版）2009 年第 3 期。

主义的思路，但其将生存意义的实践提升到本体意义的高度，将人的实践曲解为最终和最高的范畴，实际上并未走出本质主义。[①]

针对这些批评，朱立元认为，马克思在《关于费尔巴哈的提纲》中明确指出，费尔巴哈“直观的唯物主义，即不是把感性理解为实践活动的唯物主义”，这里已经明确提出了“实践活动的唯物主义”这一思想。从上下文来看，马克思心目中确实有用“实践（活动）的唯物主义”取代费尔巴哈“直观的唯物主义”的意图，而并非如批评者所说的“实践的唯物主义”根本不成立或不存在。[②]

另外，关于本体论，朱立元考察了存在论和本体论在西方思想史上的理论渊源。“本体论”是英文 Ontology 的译名，这个词在汉语学界一般译为“本体论”，但此外还出现了其他几种不同的译名，如“是论”“万有论”“存在论”等。但对 Ontology 究竟该译为什么名称，我国学界至今也还存在一些不同意见。从词源上来看，Ontology 源自希腊文，就是研究 on 的学问，即研究存在的学问。因此 Ontology 首先就是一种存在论。历史地看，早在古希腊时期，作为对存在问题的探究，巴门尼德明确区分了“存在”与“非存在”，并明确了思维与存在的同一性。柏拉图则奠定了 Ontology 对存在问题的经典思考方式，即在经验世界之外设立了一个先验的理念世界，它与现实世界相分离，但却构成了现实世界的原型和本源。要把握真正的存在，就必须超越经验世界的事物去追求具有绝对性和终极性的“理念世界”。这一探索路线在后来的西方思想传统中一直延续下来，构成了西方传统本体论思想的基本理路。而后亚里士多德提出本体论研究的就是“存在是什么”的问题，并将其确定为哲学研究的核心内容。17 世纪，德国哲学中正式出现了 Ontology 一词，在沃尔夫的体系之中，本体论就是“论述各种关于‘存在’的抽象的、完全普遍的哲学范畴，

① 张弘：《实践存在论美学的形成及其问题——当代美学范式迁移的个案考察之一》，《厦门大学学报》（哲学社会科学版）2010 年第 3 期。

② 朱立元：《全面准确地理解马克思主义的实践概念——与董学文、陈诚先生商榷之一》，《上海大学学报》（社会科学版）2009 年第 5 期。

认为‘存在’是唯一的、善的”。[1] 本体论就是研究和探讨作为最一般的存在的本体。到了20世纪，西方现代思想开始从与传统本体论完全不同的角度来探讨存在问题。海德格尔对“存在”的理解不再是从超验抽象的“实体”的角度，而是从“生存”意义的角度来展开。“存在”就是人的生存展开状态，由此形成了现代存在论。在《存在与时间》一开始，海德格尔就指出，传统本体论（存在论）将存在作为最普遍的、不可定义的、自明的概念，实际上始终思考的是某种特殊的存在者，而根本没有触及存在本身。因此海德格尔才试图建立“基础存在论”，通过对此在生存活动的分析提出并思考存在问题。可以说，本体论和存在论在西方思想传统中始终存在着密切关联，传统本体论同样会涉及存在问题，二者并不是彼此对立的。

朱立元认为批评者根本不理解本体论和存在论二者在理论上的联系和区别，因此也无法理解现代“存在论”对传统“本体论”的超越。在朱立元看来，传统本体论的确存在问题，但问题并不在于批评者所说的唯心主义的危险，其根本问题在于，“一切‘存在’，无论是‘我’，是‘物’，还是那些别的什么‘绝对预设’，都与现实的人、与人们的经验生活无关，完全不具有感性的现实性。……质言之，在传统本体论中，‘存在问题’实质上并没有被回答，而是被遗忘或者说被视为自明的了”[2]。也就是说，传统本体论中的“本体”总是超越的、抽象的，无法真正落实到人们的现实生活之中。而在这方面，现代“存在论”思想则恰好可以突破和超越传统“本体论”，将对存在问题的探究与人的感性的、现实的存在联系在一起。这实际上也是朱立元提出实践存在论美学的理论动机。

关于实践本体论，朱立元认为，实践是马克思唯物史观的核心范畴。从历史唯物主义观点来看，正是在实践的基础上，人与人的整个对

---

① ［德］黑格尔：《哲学史讲演录》（第四卷），贺麟、王太庆译，商务印书馆1978年版，第189页。译文有改动。

② 朱立元、刘旭光：《略论马克思主义实践观的存在论维度——与董学文、陈诚先生商榷之二》，《探索与争鸣》2009年第10期。

象世界才得以生成并不断发展。通过对人类社会历史发展的研究，马克思认为正是实践确立了人的存在与对象世界的存在，而实践的社会性、历史性也确立了人的存在与对象世界存在的历史性、社会性与现实性，由此就从逻辑上推演出并确立了人们的社会存在决定人们的社会意识的唯物史观基本思想。很显然，实践在人与对象世界的生成和发展过程中发挥着根本性、基础性的作用，从这一意义来看，马克思的唯物史观就是实践本体论。正如朱立元所说，“在一定意义上，也可以把马克思主义本体论概括为社会实践本体论，或简称为实践本体论”[①]。实践本体论在对本体的理解上完全不同于传统的本体论。它以存在性的实践活动作为理论基础，实践活动的展开使得人以及整个对象世界得以生成。很显然，实践在这里不是现成的事物，不是抽象的存在，而是主体和客体得以生成的历史过程和社会存在。因而实践本体论已经摆脱了传统的本质主义的思路，以本体性的实践活动超越了传统主客二分的思维模式，体现出现代存在论的内涵。也许是为了避免不必要的误解，朱立元后来更多地使用了“实践存在论”以代替“实践本体论”的理论表述。

从理论上来看，实践本体论思想的形成和提出在很大程度是来自于对物质本体论反思。早在古希腊的自然哲学中就产生了将某种物质存在作为世界的本质的思想，如泰勒斯将世界的本原归结为水，赫拉克利特认为世界就是一团永恒的活火等，这些思想可以看作是物质本体论的原型。近代认识论哲学预设了主客二分的思维框架，物质与精神处于二元对立之中，在此基础上形成了从物质的角度来理解世界的思维模式，认为物质是第一性的，精神是第二性的，物质决定了精神的存在，即物质本体论。“世界的真正的统一性在于它的物质性，而这种物质性不是由魔术师的三两句话所证明的，而是由哲学和自然科学的长期的和持续的发展所证明的。”[②] 将世界的存在统一于物质之中，这就是物质本体论的基本思想。

---

① 朱立元：《美学与实践》，广西师范大学出版社 1999 年版，第 49 页。

② 《马克思恩格斯选集》（第三卷），人民出版社 1995 年版，第 383 页。

但是物质本体论在理论上也存在一些难以解决的问题，如将“物质”理解为不依赖于人的意识而独立自在的客观实在，这样实际上就已经将物质置于二元对立的理论框架之中，使之成为抽象的存在。既然是外在于人、不以人的意志为转移的，那么这样的物质如何能够与人发生关系呢？另外，物质本体论从“物质”的角度来规定人，将人看作是物质存在的特殊形式，毫无疑问抹杀了人的主体性和创造性。而且更为重要的是，马克思从来就没有把物质理解为外在于人的存在。相反，在马克思看来，只有作为人的实践活动的对象，物质世界才能存在和显现出来，才有其存在的意义，因为“抽象的、孤立的、与人分离的自然界，对人说来也是无”①。从这个意义上来说，实践显然比物质存在更具源初性。而且不仅仅是外在世界，甚至人本身也是在实践活动的不断发展之中才得以出现的。正如马克思所说，“五官感觉的形成是以往全部世界史的产物”②。这样来看，实践无疑就具有了本体性的意义，马克思的实践本体论显然已经改变了传统本体论的思维方式。本体在这里不再是外在于人的固定的、永恒的客观存在，而是体现于人的活动、处于不断运动发展过程之中的存在。正是因为马克思实践本体论中所理解的本体已经完全不同于传统物质本体论中的本体，本体的内涵在这里已经发生了根本性的变化，马克思的实践本体论在西方本体论的思想传统之中也就具有了突破性的意义。朱立元正是注意到了马克思实践概念所具有的全新的本体论意义才提出了从“实践存在论”的角度来理解马克思的思想。这一方面是由于在西方思想传统之中本体论与存在论有其思想上的同源性，另一方面则是因为马克思的实践概念本身就包含着存在论的理论内涵。

因此，马克思的实践本体论将感性的、现实的实践活动作为人与世界存在的基础，体现出对传统本体论思想的突破与发展，具有十分重要

---

① ［德］马克思：《1844年经济学—哲学手稿》，刘丕坤译，人民出版社1979年版，第131页。

② 同上书，第79页。

的理论价值。其中所包含的存在论内涵在20世纪的西方思想背景中更显示出其现实性和当下性。

总的来看，关于实践本体论的论争反映出双方对马克思思想的不同理解。这一争论的焦点在于，应该如何来理解和评价马克思的实践本体论。批评者对实践本体论的理解在很大程度上还囿于主客二分、唯心与唯物截然对立的认识论思维模式之中，并未认识到马克思实践本体论思想的突破性意义，因此对实践本体论持强烈的否定和批评态度；朱立元则认为传统本体论的确存在问题，并认为应充分吸纳现代存在论思想，充分发掘马克思实践概念之中所蕴含的存在论维度，以实践本体论（实践存在论）实现对传统本体论思想的突破与超越，而这一点恰恰是批评者没有看到也无法看到的。因此，双方关于实践本体论的言说具有完全不同的理论指向，实际上没有形成有效的对话。不过整个论争使得马克思的实践存在论思想得到了更为清晰和详细的阐述，也为实践存在论美学廓清了必要的哲学基础。从这一点来看，这一论争对于实践存在论美学的发展倒也不无裨益。

第三节　关于实践美学与实践存在论美学的论争

实践美学是当代中国美学发展所取得的最重要的理论成果，但也存在一些理论上的不足和局限之处。实践存在论美学坚持实践概念在美学研究中的基础性地位，是在传统实践美学基础上的理论创新和发展。论争之中很大一部分内容是围绕实践美学与实践存在论美学展开。对于实践美学，批评者对于其原创性和马克思主义立场表示怀疑：

> 国内“实践派”美学的创建者和代表人物是李泽厚。他是如何“由马克思回到康德再向前进”的，如何利用康德、某些“西马”观点和“抄袭当时苏联美学界的‘社会说’派的论调”，拼合起来，把所谓“实践美学”讲成是马克思主义美学的，这个问题

至今也没有完全梳理清楚。①

众所周知，实践美学是国内最具影响的美学流派，其基本思想在20世纪五六十年代的美学大讨论就已萌芽，在80年代的美学热中走向成熟，直到今天仍然具有重要影响。② 从理论来源上来看，作为实践美学的创始人的李泽厚从未讳言自己受到康德和苏联思想的影响。③《批判哲学的批判》已经显现出作者力图用马克思主义的观点融汇康德思想的努力，而实践观念的提出则体现出李泽厚对苏联"社会说"美学思想的超越。但仅仅从理论来源出发并不能直接推论出实践美学的理论就是"拼合起来"的，更不能由此就怀疑实践美学作为马克思主义美学的学术品格。事实上，李泽厚实践美学的一些基本概念，如"积淀""文化—心理结构"等，都是在马克思主义的基础上融汇西方学术思想的原创性成果，远不是简单的"拼合"所能概括的。

实践美学的提出在很大程度上建基于对马克思《1844年经济学—哲学手稿》的阐释，而批评者之所以质疑实践美学的马克思主义立场，实际上也来自于其对马克思《1844年经济学—哲学手稿》的片面认识：

> 马克思早期的美学思想，包括《1844年经济学—哲学手稿》中的美学思想，当然可以成为建设马克思主义新美学的理论资源。但是，对这种资源的开掘和利用，只有纳入成熟期的历史唯物主义

---

① 董学文：《"实践存在论美学"的缺陷在哪?》，《内蒙古师范大学学报》（哲学社会科学版）2009年第4期。

② 例如，徐碧辉就认为，"实践美学的产生和对它的内涵的多方面、多层面的阐释，是20世纪中国马克思主义美学走向成熟的一个标志，是中国美学界从马克思主义哲学原理出发，对美学理论所做出的独特贡献"。"无论从整个中国现代美学史上说，还是从中国马克思主义美学的发展史来说，实践美学仍是当今中国最有生命力和影响力的美学学说。"（徐碧辉：《实践中的美学——中国现代性启蒙与新世纪美学建构》，学苑出版社2005年版，第39、30页。）

③ 众所周知，李泽厚的哲学奠基之作《批判哲学的批判》就是一本康德研究著作；对于苏联的美学讨论，李泽厚认为，由于对马克思《1844年经济学—哲学手稿》的自觉研读，国内的美学大讨论从一开始就高于苏联。

和辩证唯物主义的阐释轨道，才能是科学的，符合马克思主义原理的。①

也就是说，在批评者看来，马克思早期的美学思想本身是不“符合马克思主义原理的”。这一看法从根本上否认了实践美学的原创性、实践美学的马克思主义立场，如果我们注意到马克思《1844 年经济学—哲学手稿》在当代美学建设中所发挥的重要作用，这一看法实际上是抹杀了新时期以来中国马克思主义美学发展的历史成果和当代中国美学建设所取得的巨大成就。

对此，朱立元认为，尽管实践美学存在着诸多不足，但仍然是当代中国最具原创性和影响力的美学流派，为中国当代美学发展做出了巨大贡献，而且当下仍有进一步发展的空间。关于实践美学的马克思主义立场，朱立元认为根本就不是一个问题，并认为批评者对马克思《1844 年经济学—哲学手稿》采取了极不严肃的实用主义态度，重新制造出“两个马克思”的神话。②

事实上，从 1932 年《1844 年经济学—哲学手稿》公开发表以来，关于这一文献的评价与定位就一直存在不同意见。一些学者认为其中体现出“人道主义”的思想，将其后来马克思“历史唯物主义”的思想对立起来，或者以“青年马克思”的思想否定成熟时期的马克思，或者以马克思后来思想的发展反对“青年马克思”，制造出“两个马克思”的神话，在对马克思思想的研究中影响深远。朱立元认为，批评者的思想实际上并无新意，只是在新的历史语境中重新制造出“两个马克思相对立”的新神话，将马克思前后期的思想截然对立起来，否定了马克思思想发展的连续性，在根本上是无法接受的。

---

① 董学文：《“实践存在论美学”的缺陷在哪?》，《内蒙古师范大学学报》（哲学社会科学版）2009 年第 4 期。

② 朱立元：《全面准确地理解马克思主义的实践概念——与董学文、陈诚先生商榷之一》，《上海大学学报》（社会科学版）2009 年第 5 期；亦可参见朱立元《走向实践存在论美学》（苏州大学出版社 2008 年版）中的相关论述。

之前提到，实践美学从产生时起就受到了批评和质疑，可以说，实践美学就是在不断的批评之中成长和发展起来的。但从学界对实践美学的批评来看，论者往往对实践美学的理论基础、思维方式、具体概念等问题提出质疑，但大多并未对实践美学的马克思主义学术立场提出怀疑，即使是对实践美学持激烈批评态度的一些学者，也从未质疑过实践美学的马克思主义立场。①

从双方关于实践美学的论争来看，主要涉及对马克思早期思想的定位以及对实践美学的评价等问题。可以说，对实践美学的批评并不是一个新的问题，但在这场论争中关于实践美学的论争却有着特殊的含义和指向：如果实践美学本身是缺乏原创性的或非马克思主义的，那么作为在实践美学基础上发展起来的实践存在论美学无疑也是值得怀疑的。因而论争的指向就自然引向了实践存在论美学。

在这场学术论争中，关于实践存在论美学的争论是双方争论的焦点和核心，其中涉及实践存在论美学的学术方法、思维模式、理论属性等问题。论争具体主要围绕以下几个方面展开：

1. 关于"实践观"与"存在论"的关系

批评者认为，"实践存在论"是将马克思主义的"实践观"同存在主义尤其是海德格尔的"存在论"架构组合而成，而这种组合完全缺乏学理依据，这两种完全不同的思想"无法直接对接融合"。具体来说：

从理论内涵上来看，马克思的"实践"具有对象性、客观性而非抽象性、主观性特征，这也证明了意识的物质性、现实性和此岸性。所以真正意义上的"实践"是现实的、变革性的行动。而海德格尔试图通过"此在"（Dasein）的"生存"，一劳永逸地解决"存在"问题。他的"存在"是个体的人的"存在"，并不涉及马克思意义上的"实践"问题；他的"存在"只是一种"领悟"和所谓"存在之澄明"，

---

① 可参见章辉《实践美学：历史谱系与理论终结》，北京大学出版社 2006 年版；杨春时《走向后实践美学》，安徽教育出版社 2008 年版。

并不是指“现实的人”的“实践”。而这种“领悟”或“澄明”，不过是一种主体心性的大彻大悟，非人力所能为；如果与马克思、恩格斯所说的通过人类劳动和实践而通达的“自由王国”相比较，那么海德格尔的“存在之澄明”则完全是彼岸性的，是此岸性的彼岸向往。所以，马克思的“实践”与海德格尔的“存在”从根本上就是异质的，二者无法直接对接融合。

从理论指向上来看，走向人类历史的解放之途，是马克思主义实践观的未来指向。海德格尔的“存在论”则与马克思主义的实践观刚好相反，蜷缩于个体审美的封闭境域内以求超脱，这根本上是反历史主义的。因此，马克思主义的“实践论”与海德格尔的“存在论”内涵不同，指向各异，缺乏逻辑上的生成关系，二者无法直接对接融合为所谓“实践存在论”。①

针对这些批评，朱立元认为，首先，批评者对实践概念的理解存在偏差（见上文关于“实践”概念的论争），未能全面、准确地理解和把握实践在马克思思想中的丰富内涵；其次，批评者对海德格尔思想的理解也存在偏差。在《存在与时间》之中，海德格尔的本意并不是如批评者所说的要通过“此在”的“生存”“解决”“存在问题”，而是要说明“存在”是在“此在”的“生存论结构”中才显现出来的；而且，海德格尔的“存在之澄明”与“心性”没有什么关系，也不是什么“主体心性”的问题，更不是什么“此岸性”对“彼岸性”向往的问题。因此，批评者所说的“主体心性的大彻大悟”之类的话就显得莫名其妙，显然没有把握到海德格尔思想的主旨。

在此基础上，朱立元强调，实践存在论美学并不是什么马克思加海德格尔，或是把马克思海德格尔化，而是在海德格尔存在论思想的理论视野中，凸显出了马克思思想中本有的存在论维度。具体表现在：马克思的实践观改变了传统“本体论”追问“存在问题”的方式；马克思

① 董学文、陈诚：《“实践存在论”美学、文艺学本体观辨析——以“实践”与“存在论”关系为中心》，《上海大学学报》（社会科学版）2009 年第 3 期。

的思想是对传统本体论的转向和超越，也是对现代存在论的奠基；马克思以人、以实践中的人为前提的存在论思路是对近代形而上学认识论传统的突破和超越。因此，批评者对马克思思想的狭隘理解、对海德格尔存在论思想的简单化理解使其无法准确认识和把握实践存在论美学的理论意义。

针对二者“无法对接融合”的批评，朱立元认为，马克思的“实践观”和海德格尔的“基础存在论”在关注主体性上、强调人与世界原初的统一性上、特别是在思维方式上和方法论上都有学理上的相通性，两者并不是截然对立、不可对话的。恰恰相反，正是海德格尔的此在存在论向我们开启和凸显了马克思“实践观”本有的存在论维度。具体表现在：海德格尔存在论的生成性思维启发我们发现内在于马克思实践观中的生成论思想；海德格尔对传统“本体论”的实体性思维的批判凸显出马克思的实践观对精神（理性）和物质本体论的超越；海德格尔的“此在在世”说启示我们重新认识马克思的“人就是人的世界”的命题；海德格尔关于此在在诸存在者中的优先地位的观点，彰显出马克思以人和人的活动为前提的存在论维度。①

实践存在论美学提出以来，面临的最常见的指责和批评就是在理论上将马克思的实践观与海德格尔的存在论拼合在一起，在学理上是无法成立的。因此，关于实践论与存在论关系的论争是涉及实践存在论美学的学理依据，关系到实践存在论美学能否成立的根本问题。前面提到，马克思的实践（本体论）存在论思想在西方本体论传统中具有突破性意义，改变了本体概念的理论内涵。马克思通过实践概念思考了人的存在、人与人的世界的生成和发展等问题，实践实际上成为人与人的世界得以产生和出现的境域。在这一意义上，实践就具有了存在论的内涵。按照海德格尔的区分，实践就不是一个存在者，而是使得各种存在者得以可能的存在本身。从现代存在论的视野出发，我们更容易发现马克思

① 朱立元：《海德格尔凸显了马克思实践观本有的存在论维度——与董学文等先生商榷之三》，《社会科学》2010 年第 2 期。

实践观之中本有的存在论维度。因而马克思的实践观与存在论在学理上有彼此契合的可能，或者说，马克思的实践观本身就是存在论意义上的。由此看来，实践存在论美学就体现出对马克思思想的现代解读，显现出更加开放的理论视野。

2. 实践存在论美学是否突破了主客二分的思维模式

批评者认为，在当代的确需要克服二元对立的思维模式，但试图借助于海德格尔的存在论思想来超越二元对立是徒劳的，其作用也是极其有限的：

> 海德格尔确立“此在”为世界筹划者，事实上是确立了“此在”的绝对主体性。这就又回到了主体性形而上学。在这一点上，海德格尔对二元论思维和主客二分的超越是极其有限的。“此在”的形而上学思辨性，也使得他的“存在论”对传统形而上学的批判软弱乏力，最终难逃唯心形而上学的俘获。海德格尔反对形而上学和二元对立，最终却未能实现，反而在这种纠缠不清之中消耗了反思和批判的力度。

相比较而言，马克思的“实践”观念以及“艺术生产”的思想已经克服了二元对立的思维模式，也超越了海德格尔的存在论思想。[①]

也有学者对于“突破主客二分的思维方式”这一思想本身提出质疑，认为“所谓审美能力，就是完全抽象能力，也就是彻底的主客二分认识能力。如果没有认识活动、没有主客二分、没有主客二分的彻底化，人类社会根本就不能有审美”。[②] 这样看来，审美能力本身就以主客二分作为前提和基础，想要突破主客二分的思维方式来思考审美问题从根本上就是不可能的。

---

① 董学文、陈诚：《超越“二元对立”与“存在论”思维模式——马克思主义实践观与文学、美学本体论》，《杭州师范大学学报》（社会科学版）2009 年第 3 期。

② 李志宏、刘洋：《认识论和“主客二分”何错之有？——兼论实践存在论美学的倒退》，《文艺争鸣》2013 年第 5 期。

针对这些批评，朱立元认为，近代以来主客二分的认识论思维方式以主客二元对立为中心，然后以这套二元对立模式去解释丰富多彩的审美现象，这就必然造成本质主义的美学思路。这种思路把审美活动狭隘化为单纯的认识活动，因而也就无法理解审美活动的存在论维度，即人生在世的生活活动或人生实践的特性。长期以来，这种主客二分的二元对立思维方式已经成为阻碍中国当代美学发展的一个重要因素。

实践存在论美学对主客二分思维方式的反思首先来自于20世纪西方现代美学的启发。20世纪以来，西方现代哲学、美学体现出对超越二元对立思维方式的不懈追求。尼采“相同者的永恒轮回”的思想之中已经包含了超越二元对立的努力，对于20世纪西方思想产生了深刻影响。20世纪的现象学、存在论、后现代主义思想等均体现出对二元对立思维方式的深刻反思。胡塞尔现象学“面对实事本身”的理论追求，海德格尔对存在问题的分析，德里达的“延异”“播撒”等概念均体现出现代思想超越二元对立的尝试。这些思想构成了实践存在论美学得以提出的时代语境。

另一方面，中国当代美学的发展也构成了实践存在论美学提出的现实语境。20世纪90年代以来，中国当代美学对实践美学进行了深刻反思，并结合20世纪的美学思想资源提出了重建美学体系的不同道路，产生了生命美学、超越美学、现象学美学等等“后实践美学”思想。这些思想从不同的角度指出了实践美学存在的问题，并尝试超越二元对立的思维方式进行理论上的突破与创新。可以说，实践存在论美学的基本观点在很大程度上就是在实践美学框架内积极回应后实践美学思想的挑战，以建构具有当代特征的中国美学体系。因此，实践存在论美学也将突破主客二分的思维方式作为理论突破的一个主要方向，在这一点上，与后实践美学思想存在共通之处。

正是基于对20世纪西方美学发展趋向和中国当代美学整体状况的理解和分析，实践存在论美学自觉地将超越主客二分的思维模式作为理论突破的一个主要方向，并尝试在马克思的思想中寻找相应的理论资源。应当说，在马克思的思想中的确包含着超越主客二分思维方式的理论资源，但传统实践美学由于对实践概念理解上的偏差，忽视了马克思实践概念的存在论维度，因而陷入了二元对立、主客二分的认识论思维模式之中，无法真正揭示审美活动的内在规律。在实践存在论美学看来，能够超越这一思维模式的，恰恰是马克思的实践概念本身，在这一概念的丰富内涵之中已经包含了现代存在论的维度。因此，在当代存在论的理论视野之中，挖掘马克思思想中的存在论维度，可以引导我们全面超越上述主客二分的认识论思维方式，为美学开辟一个实践存在论的新境域。①

实践存在论美学对主客二分思维方式的突破首先体现在将实践作为美学研究的基础，即从人生在世的实践活动思考美学问题，将审美作为一种基本的人生实践。这一思想不仅仅打破了人生实践与审美之间的二元对立，揭示出审美与人生的密切关联，赋予审美以坚实的基础，同时将审美作为一种高级的人生境界，扩展、丰富了生存的意义，体现出审美超越性的内涵。

其次，实践存在论美学坚持关系在先的原则，以审美活动作为美学研究的逻辑起点。审美活动反映出人与世界的审美关系，这种关系在逻辑上是先于审美主体与审美客体的存在的。只有在审美活动之中，审美主体与审美客体方才现实地生成，二者共属于完整的审美活动。这样就打破了传统美学中审美客体与审美主体、美与美感的二元对立，从动态生成的角度来理解美学问题。反映在美学提问方式上，就不再拘泥于传统的“美是什么”的问题，而是思考“美是如何生成和存在的”，问题转换的背后体现出美学思维方式的变化。

再次，实践存在论美学始终从动态的角度的来理解审美活动。蒋孔阳将美的产生看作是“多层累的突创”，即美的产生是一个包含了多种不同因素的突然创造。在此基础上，实践存在论美学认为人与世界的审美关系也是多元的、复杂的、处于不断变化之中的。其中既包括了自然

① 朱立元、刘旭光：《略论马克思主义实践观的存在论维度——与董学文、陈诚先生商榷之二》，《探索与争鸣》2009 年第 10 期。

的与社会的因素，也包括了历史的与现实的因素，当然更包括了物质的与精神的因素等，审美关系就是这些对立因素的统一。由此实践存在论美学就打破了各种各样因素的彼此对立，并使其统一在具体的、现实的审美活动之中。

实践存在论美学对二元对立思维方式的突破在很大程度上受到了海德格尔思想的启发，因而对海德格尔思想的理解在论争中就具有了重要意义。客观地讲，批评者对海德格尔思想的理解的确过于简单化，对“存在”的理解也不够深入，因此对于海德格尔的解说多少让人觉得搔不到痒处。对此，朱立元指出，批评者对海德格尔的理解还停留在 20 世纪 80 年代。从双方的论争来看，这一判断并非没有根据。另一方面，批评者一再强调海德格尔思想在超越二元对立思维模式上的有限性，朱立元则认为，实践存在论美学立足于马克思实践论的存在论基础之上，而马克思的存在论思想要高于海德格尔，也能够超越二元对立的思维模式。因此，双方在这一问题上面对着不同的理论对象言说，实际上并没有形成有效对话。

3. 实践存在论美学是否是马克思主义美学

关于实践存在论美学的理论性质，批评者认为，实践存在论美学的理论原理是：“先对马克思主义的实践观进行扭曲化、狭隘化，然后将‘实践’观念加以泛化，接着同海德格尔的存在主义加以比对、结合，最后，生造出所谓的‘实践存在论’体系来。”而由于对“人的存在”的极度张扬，实践存在论美学“实际上已经走向了精神本体论和审美唯心论，走向了某种极端的个人主义”。它“在马克思主义实践观外表的遮掩之下，通过反对主客二元对立和寻求个体生存为幌子，完成的则是对唯物史观和唯物辩证法的瓦解”。这样做的理论后果就是“对马克思主义美学、文艺学的实践观和历史唯物论的解构与颠覆”。[①] 因此，实践存在论美学从根本上就是非马克思主义或者反马克思主义的。

① 董学文、陈诚：《“实践存在论”美学、文艺学本体观辨析——以“实践”与“存在论”关系为中心》，《上海大学学报》（社会科学版）2009 年第 3 期。

对这一指责，朱立元坚持认为，实践存在论美学始终立足马克思的思想，努力挖掘马克思实践观本有的存在论维度，并在此基础上尝试超越传统美学主客二分的思维模式。作为实践存在论美学的理论基础，马克思的实践观具有重要的理论价值。具体来说，马克思的实践观改变了传统“本体论”追问“存在问题”的方式，认为一切对象只有从人的感性活动，从实践的角度才可能得到理解；马克思实践观是对传统本体论的转向和超越，也是对现代存在论的奠基；马克思这种以人、以实践中的人为前提的存在论思路是对近代形而上学认识论传统的突破和超越；马克思关于人的本质的论述认为，每个现实的人的本质只能是在自身社会关系的变动（即社会实践）中动态地生成并不断变化着，体现出了存在论的维度；马克思在实践概念的基础上从存在论的高度解决了由于主客体的对立而带来的认识论难题，消解了二元对立式的思维模式，从而合理而深刻地解决了主客体的对立问题。

马克思的实践观给予实践存在论美学以重要启发。实践存在论美学的提出就建立在对当代美学存在的问题的深刻认识和对马克思经典文本的细致研读的基础之上，是在马克思实践观的基础上进行的理论探索与创新。在当前，发掘和研讨马克思实践观的存在论维度与含义，可以对我国当代美学、特别是实践美学的建设和发展提供极为重要的理论启示。①

在谈到理论创新时，批评者强调，“突破什么理论框架都可以尝试，唯独突破‘唯物’和‘唯心’的界限是不可取的”②。众所周知，唯物与唯心的对立，曾经一度是我国学术研究无法超越的雷池和禁区。但今天来看，片面强调这一对立恰恰是不符合马克思主义的，也不利于美学学科本身的发展。正如有学者指出的：“‘心’与‘物’的抽象与凝固为外在对立，发源于苏格拉底、柏拉图时期，它在中世纪基督教两

① 朱立元、刘旭光：《略论马克思主义实践观的存在论维度——与董学文、陈诚先生商榷之二》，《探索与争鸣》2009 年第 10 期。

② 董学文：《“实践存在论美学”的缺陷在哪？》，《内蒙古师范大学学报》（哲学社会科学版）2009 年第 4 期。

个世界的区分中达到了极端形态。而马克思实践论及其后的现代哲学所要消解、综合与扬弃的，正是这种心物外在僵峙的形而上学。”因此，“唯心论与唯物论的外在对峙，却恰恰是非马克思主义的”。[①] 问题是，宣称通过马克思已经超越了二元对立思维模式的批评者自己却陷入了这一思维模式之中，倒是真正值得深思的。

应该看到，马克思、恩格斯并未系统研究和论述美学问题，但在马克思的思想之中已经包含了对人以及人的审美活动的深刻理解，这些构成了马克思主义美学的基础。后来的学者运用马克思主义的立场、观点和方法研究审美与艺术问题建构起系统的马克思主义美学思想体系。从西方马克思主义思想，到苏联的美学思想，再到中国当代的实践美学，可以说，马克思主义美学从未固定为某一种美学思想，而是能够结合特定时代的特点，不断更新自己的理论体系，因而始终处在不断发展的过程之中。因此，必须以一种开放的态度来看待马克思主义美学。这样来看，实践存在论美学显然是当代语境中的马克思主义美学。

在理论基础方面，实践存在论美学以马克思的实践概念作为美学研究的基础。实践是马克思思想的核心概念，《1844 年经济学—哲学手稿》《关于费尔巴哈的提纲》等文本均对实践概念做了深刻阐发。在马克思看来，人以及人的整个对象世界都是在实践的过程中产生和发展起来的，因而实践就具有了本体论（存在论）的内涵。实践存在论美学正是在马克思实践概念的基础上展开对美学问题的思考，将审美活动作为美学研究的逻辑起点，在理论基础方面坚持了马克思主义的理论属性。

在审美活动的构成方面，实践存在论美学认为，审美主体与审美客体二者共同源出于并构成了审美活动。当然，审美主体的产生需要人的感觉能力、知觉能力、心理能力的提升和进展，审美客体的产生也需要

---

① 尤西林：《心体与时间——二十世纪中国美学与现代性》，人民出版社 2009 年版，第 76—77 页。徐碧辉在回顾五十年代美学大讨论时，认为执着于唯物唯心之分，并把这种分别作为一个重大的理论分别来看待，是“美学研究中的一个方向性错误”。（徐碧辉：《实践中的美学——中国现代性启蒙与新世纪美学建构》，学苑出版社 2005 年版，第 104 页。）

对自然对象或物质材料的改变与更新，所有这些都在现实的、历史的实践活动之中得以实现。正是经过了实践活动的作用，建立起来审美关系，人才能成为审美主体，对象才能成为审美客体呈现出来。因此，审美主体与审美客体二者共同建基于历史性的实践活动基础之上，这一思想包含着马克思主义的精神内核。

在审美与人生的关系方面，马克思的实践作为人的感性活动体现在人的生活的各个领域，可以说，实践就体现为“人生在世”。从这一思路出发，实践存在论美学将审美与人的生存相关联，将审美看作是一种基本的人生实践，审美关系体现的就是人与世界之间的自由关系，从而极大地突出了审美的现实性。特别是，随着实践范围的不断扩展，实践水平的不断提升，审美也必然采取不同的形式，这无疑赋予审美开放性、超越性的内涵。因此，实践存在论美学对审美活动人生论指向的强调包含着马克思主义的理论特质。

因此，实践存在论美学是在当代思想背景下立足马克思实践观念基础上的理论创新，具有明确的马克思主义美学属性。目前，这一美学思想在美学史研究、美学教材建设等方面均取得了一系列重要成果，引起了学界的广泛关注。[①] 当然，作为一种发展中的美学体系，实践存在论美学还不够成熟，还有待从各个方面进行丰富和完善。因此，就实践存在论美学展开学术争鸣是非常必要的，也是非常正常的。可以说，通过理论论争，实践存在论美学的基本思想得到了更为细致、充分的阐发，如更为清晰地阐述和说明了马克思实践观念本身具有的存在论维度，进一步廓清了实践存在论美学的马克思主义理论属性，并从整个西方思想传统的广阔视野透视出实践存在论美学的理论渊源及创新之处。这些都为这一美学思想的进一步发展奠定了更为坚实的基础。

同时，在当代中国美学理论多元化发展的今天，对于理论创新，我们仍需保持一种宽容的态度、宽松的氛围、宽大的胸怀，这才能有利于

---

① 这方面的主要成果，可参见朱立元主编《西方美学范畴史》，山西教育出版社 2006 年版；《美学》（修订版），高等教育出版社 2006 年版。

学术的繁荣与发展。正如20世纪五六十年代的美学大讨论、80年代的“美学热”带来了实践美学的兴起、成熟并推动了中国当代美学的发展，我们相信，关于实践存在论美学的论争也能够真正推进学界在新的条件下对实践美学和马克思主义美学的反思，促进当代中国美学的进一步发展。

众所周知，20世纪90年代以来，国内展开了对实践美学的系统反思。这一反思体现出国内学界力图突破原有实践美学的理论框架，进一步推进当代中国美学发展的迫切愿望。而且，通过反思也的确暴露出传统实践美学自身所存在的理论缺陷与不足，对于推进当代美学的多元化发展和实践美学的自我突破与创新都具有积极意义。可以说，学界关于实践存在论美学的论争是这一反思的延伸和具体化。尽管论争是围绕实践存在论美学展开，但论题本身实际上已经超越了实践存在论美学本身，而涉及对实践美学的理解、对马克思主义美学的理解乃至对当代美学发展路向的理解。因此，这一论争具有重要的理论价值和现实意义，值得我们认真总结和反思。

从关于实践存在论美学的理论论争来看，我们认为，对马克思主义美学，应当采取动态的、发展的态度来看待，不能紧紧抓住马克思的某些个别论断，孤立地、僵化地理解马克思主义的美学思想；对实践美学也应当采取历史的眼光来看待，看到实践美学对马克思主义的坚持和发展，看到实践美学在马克思主义美学中的理论创新意义，看到实践美学在中国当代美学建设和发展中做出的重要的、不可替代的历史贡献，当然，也要看到实践美学在理论上存在的缺陷与不足；对中国当代美学的进一步发展，应当采取开放的、包容的态度，积极地与当代西方美学思想、中国传统思想、当代中国其他美学思想进行有效的沟通与对话，在对话和交流中探寻中国美学进一步发展的可能路向。那种拒绝进行沟通与对话的“闭塞眼睛捉麻雀”的态度从根本上是无益于中国美学的发展的。

第五章 实践存在论美学的美学史视野管窥

实践存在论美学是在现代存在论的理论视野之中，依据马克思实践概念的存在论维度而提出的一种美学理论。因此它不仅仅是一种美学理论，也是一种美学研究方法。这一研究方法给我们提供了一种崭新的思路，从存在论的视野对西方美学传统进行重新审视，探究其中对人的实践活动的理解及其存在论内涵，由此也将显现出实践存在论美学的方法论意义。按照这一思路，本章选取西方美学史上具有代表性的几个问题，探究其中的存在论内涵，试图由此揭示出实践存在论美学所蕴含的理论潜力。

第一节 柏拉图《会饮篇》中的美育问题

根据实践存在论美学的思想，审美是一种人生实践。这一思想在西方美学史上有着深刻的历史渊源。早在古希腊时期，对人的思考已经成为哲学思想的核心。柏拉图在《会饮篇》中，通过赞颂爱神，尝试在对美的追寻中对人进行培养和塑造，最终实现人之为人的完整存在。这一文本中对人的关注，对完整的人的思考，以及对美的理解，都使得这一文本具有了审美教育的内涵。具体来说，人的培养与塑造构成了美育的最终指向，幸福、善和不朽构成了美育的基本目标，而“美的阶梯”构成了美育的实现路径，由此构成了一个相对完整的美育思想体系。这一美育思想体系始终包含着对人的生存的关注，并立足于人的多样化的生存实践探索不断提升人的生存境界的途径与方法，充分展示出审美作为高级的人生境界的价值和意义。对《会饮篇》中的美育思想进行探究与思考，对于我们更为全面地理解柏拉图的美育思想、理解实践存在论美学的美学史渊源都具有重要意义。

一 爱作为生存实践

从德尔斐神庙的“认识你自己”开始，人就成为古希腊思想关注的中心。在古希腊的史诗、悲剧、喜剧、哲学中都透露出人的消息。在对人的思考中，柏拉图的《会饮篇》给我们提供了一个重要的视角。其中对美与人的生存的关注，尤其是将爱与人的生存实践相关联，对于我们理解实践存在论美学的基本思想具有重要启发。

事实上，“认识你自己”在古希腊的语境中有着特定的涵义。据福柯研究，“认识你自己”在古希腊的语境中实际上依附于“关心你自己”。福柯明确指出，“我认为，这个‘关心自己’的问题也许应该摆脱‘认识自己’的权威，它让后者退居其次”[①]。“关心自己”之所以区别于“认识自己”，就在于它具有一种优先性，也就是说，“关心自己”成为“认识自己”的思想背景和基础。因此，对古希腊思想的理解也必须回返到“关心自己”的层面上才能得其要领。

在福柯看来，“关心自己”不仅仅是一种态度，一种将注意力转向自己的方式，更是一种技术实践活动。福柯通过自己的研究发现，在古希腊罗马时期，关于“性”的艺术及其生存美学，就是“关怀和陶冶自身，以便使自身的生活方式提升到具有艺术游戏性质的实践智慧的更高层面”[②]，在“关心自己”的实践活动中实现游戏式的艺术化生存。很显然，这种古代的生存实践本身就具有审美的意味，因为“其目的完全是为了满足自身审美愉悦的欲望，而且，它的实行过程也完全出自

① ［法］福柯：《主体解释学》，佘碧平译，上海人民出版社2005年版，第10页。

② 高宣扬：《福柯的生存美学》，中国人民大学出版社2015年版，第14页。

个人内心的自由意愿，并有利于自身生存的审美化”[①]。这样看来，“关心自己”的生存实践就是人的审美化生存，是人的自我培养与塑造，在其根底上也是一种审美教育。但同时需要注意，这种审美化生存的基础恰恰是某种“缺席”。也就是说，“我们的‘自身’，在未同他人和他物发生关系以前，在本质上是一种‘缺席’（absence）。换句话，缺席就是自身的生存本质”[②]。也就是说，在我们生存之前，虚无占据了一切，我们“缺席”着，而缺席本身则要求我们不断实现自我的超越与塑造。因此，“做人本身，就其本质而言，本来就是一种人生艺术创造和审美生存的实践过程”[③]，人生与审美由此具有了内在的相关性，人之为人恰恰在于其审美实践。我们接下来会看到，这种古希腊意义上的“关心自己”为我们重新审视柏拉图的《会饮篇》提供了一个有益的参照。

《会饮篇》的主题是赞颂爱神，但在整篇对话中，爱始终与美、与人的培养与塑造联系在一起。可以说，爱构成了《会饮篇》对人展开思考的核心。因此，在对《会饮篇》中爱的讨论之中，我们必须注意到其与人的深刻关联。

在对爱神的赞颂中，斐德若将爱归结为德行和幸福的来源，泡赛尼阿斯将爱归结为“进德修业”，即对学问、道德的追求，厄里什马克认为爱使人们彼此友爱，并敬爱神灵，阿里斯托芬则将爱看作是对人的完整和源初存在状态的追求等。凡此种种，都在提示我们，对古希腊人来说，爱实际上就是对人的培养与塑造，是人的实践方式或“关心自己”的方式。换言之，爱首先不是一种思想，而是一种实践。

根据苏格拉底，爱神实际上并非一位真正意义上的神，而是处于人神之间的一种“大精灵”。它既不穷，也不富，“介乎有知与无知之间”[④]，有意识地追求着智慧，在不断追求中呈现出动态存在。“爱”即

---

① 高宣扬：《福柯的生存美学》，中国人民大学出版社 2015 年版，第 14 页。

② 同上书，第 17 页。

③ 同上书，第 7 页。

④ 《柏拉图文艺对话集》，朱光潜译，人民文学出版社 1959 年版，第 241 页。

“爱着”，根据施特劳斯的解释，“它不是一个存在者，而是一种行为。对美的事物的爱——那就是爱欲”[①]，简言之，爱欲就是一种人的行为。作为一种行为，爱以其自身的贫乏与丰富表征着人之为人的存在。这种存在虽然有其自身的局限，但又能够超越任何既定的现实状态，指向某种更高的存在。因此，“爱”所描述的就是这样一种不断追求的存在者，它从其贫乏的本质上规定着对幸福与善的渴求，由此对爱的追求同时也成为对人的培养与塑造。

另一方面，“这种行为的方式就是在美中孕育”[②]，即爱就是在美的在场中行动。因此，对人的培养与塑造又始终与美联系在一起，或者说，通过美来展开对人的培养与塑造。

在泡赛尼阿斯的论述中，使人以高尚的方式相爱的爱神就是美，或者说，美就是以高尚的方式对人的培养与塑造，是人以高尚的方式“关心自己”。在阿里斯托芬的论述中，爱是人对完整性的追求，是对完整的人的培养与塑造。在阿伽通的论述中，爱包含着正义与节制，它是最美的也是最善的，构成了人的行为的向导。可以看到，《会饮篇》中的爱始终具有“关心自己”的内涵，而这种“关心自己”又始终与美联系在一起。在第俄提玛最后的教诲中，美甚至成为了人的最高追求。很显然，《会饮篇》对爱神的赞颂恰恰也是对人的培养与塑造，是通过美对人的培养与塑造。由此，这一文本也就具有了审美教育的内涵，它给我们展示出古希腊人如何尝试以美的方式实现人的完整存在和全面发展。

综上所述，在《会饮篇》中，爱是一种“关心自己”的具体方式，是一种具有审美意味的生存实践，是对完整的人的培养与塑造。其中包含的对于完整的人的理解、对于审美在人的发展过程中的作用的认识，对于我们理解实践存在论美学无疑具有重要意义。

---

① ［美］施特劳斯：《论柏拉图的〈会饮〉》，邱立波译，华夏出版社 2012 年版，第 224 页。

② 《柏拉图文艺对话集》，朱光潜译，人民文学出版社 1959 年版，第 245 页。

二 完整的人

如上所述，对人的培养和塑造构成了《会饮篇》关注的焦点，其最终目标是实现人的全面发展，或者说，实现完整的人。在《会饮篇》中，这种完整的人具体体现在三个方面，即幸福、善和不朽。

首先是幸福。在对爱神的赞颂中，斐德若、阿里斯托芬和阿伽通等人都注意到了爱与幸福的关联：斐德若认为爱神“是人类最高幸福的来源”[①]，他已“看不出一个人从青年时期起，比有一个情人之外，还能有什么更高的幸福”[②]。对于斐德若而言，爱神构成了人最终幸福的决定性因素；阿里斯托芬同样赞成“全体人类都只有一条幸福之路，就是实现爱情”[③]，爱情与幸福本质相关，无可分割；而阿伽通则将“从美的爱好就产生了人神所享受的一切幸福”[④] 皆归功于爱神的降生，爱神赐予了人类所有的福气。因此，实现了爱情，人类便能实现幸福，从而实现人的全面发展。另外，苏格拉底借第俄提玛之口进一步阐释了爱与幸福的内在关系。在第俄提玛那里，爱是一种精灵，源于贫乏神和丰富神的共同作用。柏拉图在《会饮篇》中生动描绘了爱欲的产生：“当初阿佛洛狄忒诞生时，神们设宴庆祝，在场的有丰富神，聪明神的儿子。他们饮宴刚完，贫乏神照例来行乞，在门口徘徊。丰富神多饮了几杯琼浆——当时还没有酒——喝醉了，走到宙斯的花园里，头昏沉沉地就睡下去了。贫乏神所缺乏的就是丰富，心里想和丰富神生一个孩子，就跑去睡在他的旁边，于是就怀了孕，怀的就是爱神。”[⑤] 因而它命中注定“贫乏”，一无所有，但同时又分有了丰富神的禀赋，生来就充满欲望，不断追求美和善。而当它拥有了自身所匮乏的东西，人便获得了幸福。

① 《柏拉图文艺对话集》，朱光潜译，人民文学出版社 1959 年版，第 207 页。
② 同上。
③ 同上书，第 226 页。
④ 同上书，第 231 页。
⑤ 同上书，第 240 页。

在阿里斯托芬的解释中，人原本是完整的存在，只是后来才被分成了两半，因此爱情就是对完整存在的希冀与追求。当人最终实现了爱情，找到自己的另一半时，就是幸福。因而幸福就被认为是人的生存的最终完满状态，是人的自由、性格达到的最适宜的状态，也是人的整体性生存的最终实现。正如柏拉图所言，人最美的境界，即“心灵的优美与身体的优美和谐一致”，此种最美境界的到达便是幸福之显现。因此，完整的人就是幸福的人。

其次是善。对柏拉图来说，善指向的就是完美的人性。在《会饮篇》中，这种完美的人性不仅体现在人的自然属性之中，还体现在人的社会本性之中，二者同时在“爱”中得以呈现。

人首先具有物质自然的存在，善通过“爱”就体现为人的物质自然存在，即使身体中本相恶相仇的因素变成相亲相爱。如前所述，爱即爱着、欲求着，世间一切自然存在物皆因“爱”而显现出自身之外观，也即显现出自身的存在。“一件事物的外观就是这件事物赖以显示自身于我们面前的样子，表现自身并即如此处于我们面前的样子，赖这个样子并即以这个样子在场”①，换言之，一切事物都以它的外观呈现出自身的存在状态。同样，人爱着、欲求着，自然也存在着，但这并不意味着生理欲望的无限浸淫。在柏拉图看来，在“爱”的行动中，“善”赋予自然存在以秩序，因而真正的爱情所要求的恰恰是自身的节制，最终达致身体诸因素的和谐一致。换言之，“善”在人的自然生存中首先体现为和谐。因此，在古希腊的语境之中，善是通过爱对人进行的培养和塑造，是一种特殊的生存实践。

除了身体诸因素的和谐，在社会属性方面，善还指向了一种道德性存在。对人来说，“生存就是在人的世界中进行奋斗和活动。生存并非仅仅是进行思维，而且还寻求交往；不仅独往独来，而且闲不下来。生存不是一个行动鬼祟、冷漠疏远的敬慕者，而是一个在光天化日之下公

① ［德］海德格尔：《形而上学导论》，熊伟、王庆节译，商务印书馆1996年版，第180页。

开的追随者"[①]。生存永远发生于人与人之间，而对于人类的交往实践来说，道德的重要性不言而喻。在这一意义上，真正处于爱情之中的人都渴求着社会性的"善"，而非沉湎于感官的沉沦。在这里，善与幸福就具有了内在的相关性。幸福的获得即意味着快乐的存在，而"快乐人之所以快乐，就由于有了善的事物"[②]，毫无疑问，幸福与善密切相关。在爱的过程中，人们赞赏美，厌恶丑恶，与理性同声相应，因而爱情从其本质上便具有一种价值必然性，或者说，爱情之发生实际就意味着"以美育德"。在《会饮篇》中，泡赛尼阿斯将爱分为两种，"天上女爱神"与"人世女爱神"，这两种爱神因行为的高尚与否而被评判为是否值得敬重。人世女爱神所引起的爱情因沉溺于肉体享受而受到指责，天上女爱神所感发的爱情因对品德的热情而备受赞誉。显而易见，实现爱情永恒的关键在于爱之对象是否符合道德的范畴。如果"一个人想旁人给他的钱，或是求一个官职，或是谋其它势力，就去做情人通常向爱人做的那些事"[③]，即为利益而借爱情之名行爱情之事，这样的人不被认为是有爱情的人，那些好运动或者爱哲学的人同样不能被叫作情人们或者钟爱者们。因为，这些所爱的对象都不是确定的或持久的，这些东西并不能维持高尚的友谊性关系。相反，有爱情的人"把凡是好的都看作属于自己的，凡是坏的都看作不属于自己的"[④]，"只有追求某一种爱的人们才独占全体的名称，我们说他们在恋爱"[⑤]，也就是说，真正拥有爱情的人只渴望把善据为己有。很显然，爱与善有着内在的关联，"爱神的威力是多方面的，广大的，普遍的。但只在他以公正和平的精神，在人和神之间成就善事的时候，他才显出他的最大的威力，使我们得到最高的幸福，使我们不但彼此友爱相处，而且与高高在上的神

① 罗国杰主编：《人道主义思想论库》，华夏出版社1993年版，第548页。
② 《柏拉图文艺对话集》，朱光潜译，人民文学出版社1959年版，第242页。
③ 同上书，第213页。
④ 同上书，第244页。
⑤ 同上。

们也维持着敬爱的关系”[①]，只有当显示出善的品质时，爱才成其为爱。如此，善就成为爱的目的，并内在地规定着爱的实现方式和最终指向。

最后是不朽。在柏拉图看来，充满情欲的肉体属于现象世界，在世界的流变中瞬时即逝、不断消亡。面对死亡的必然存在，人必须思考和寻求自身存在的价值和意义。正是在生殖的现象当中，柏拉图捕捉到了爱所具有的生成性能力。由此在爱之中，就包含着超越死亡的存在性意义。对于柏拉图来说，爱在其本源中即包含着对不朽的欲求：对真理的思索，对智慧及各种美德的追求，对本体世界的向往等等，从而能够超越死亡达到无限绝对的永恒和不朽。在《会饮篇》中，爱与不朽紧密联系在一起，“爱情就是想凡是好的东西永远归自己所有那一个欲望。所以追求不朽也必然是爱情的一个目的”[②]，换句话说，爱就是对不朽的企盼。

如前所述，人于源初便处于“缺席”“贫乏”之中，出生的瞬间同时注定了死亡的必将到来。对于人而言，无论身体还是灵魂，一切都在出现着、消亡着，知识也始终处于不断的增长与遗忘的过程之中。生命的瞬时即逝造成了人永久的创伤，以致“可朽者尽量设法追求不朽”[③]，亦即，人于其本能中便具有谋求不朽的需要。这种对不朽的追求具体表现为生殖。当然，这种生殖不仅仅是身体意义上的，更是心灵意义上的。由此人可以通过各种方式实现对造物之有限性的克服与超越，达到不朽。在《会饮篇》中，这种对于永恒和不朽的追求在“爱”之中成为可通达的存在，具体来说，就是通过美可以实现不朽。因为爱“这种行为的方式就是在美中孕育，或是凭身体，或是凭心灵”[④]，通过美孕育生殖。换言之，爱就是通过美对不朽的企盼。

柏拉图认为，人到了一定的年龄，人们内心便会升腾起一种欲望，要生殖，而人所具有的生殖力可以区分为两种：一种是身体的生殖，一

① 《柏拉图文艺对话集》，朱光潜译，人民文学出版社 1959 年版，第 220 页。
② 同上书，第 246 页。
③ 同上。
④ 同上书，第 245 页。

种是心灵的生殖。这两种行为方式都可以使人们实现某种程度的不朽，但二者存在着明确的区分。“凡是在身体方面生殖力旺盛的人都宁愿接近女人，他们的爱的方式是求生育子女，因此使自己得到不朽，得到姓名的久传，而且依他们自己想，得到后世无穷的福气”①，也就是说，身体的生殖就是通过子孙的绵延实现血脉传承以留下美名；而“凡是在心灵方面生殖力旺盛的人……长于孕育心灵所特宜孕育的东西”②，他们完全凭借思想智慧和心灵的美质获得不朽的盛名。比较而言，心灵的子女由此为他们的父母所博得的享受馨香祷祝的无上荣誉，是那些可朽的肉体子女所远远不及的。因为“使用身体包含着使用感官，这样一来，灵魂就被身体拉入多样性的领域而迷了路，在与那些具有相同性质的事物接触时它感到困惑而不知所措，就好像喝醉了似的”③，在身体中，受感官欲望的诱惑，灵魂终被拘役；但是，富于心灵生殖力的人在灵魂自我反省时，往往“穿越多样性而进入纯粹、永久、不朽、不变的领域，这些事物与灵魂的本性是相近的，灵魂……通过接触那些具有相同性质的事物，在绝对、永久、单一的王国里停留”④，无限接近于永恒的不朽本质。如此，在柏拉图关于爱的教义中，一种对于不朽的欲求从人的原始状态中就被规定，而爱在作为一种行为发生时，便预示着对于永恒和不朽的追求。

综上所述，柏拉图在《会饮篇》中通过爱的教义展示了人的审美化生存，其中幸福、善与不朽共同构成了人的完整性存在。这种人的完整存在的理想显现出柏拉图对人的深刻思考，也构成了审美教育的基本目标。那么，接下来的问题是，如何才能实现这一人的完整性存在呢？《会饮篇》给我们提供了一套具体的实践操作方法，即“美的阶梯”，这可以看作是《会饮篇》中美育思想的实践环节。

① 《柏拉图文艺对话集》，朱光潜译，人民文学出版社 1959 年版，第 248 页。

② 同上。

③ 同上书，第 83 页。

④ 同上。

三 “美的阶梯”

“美的阶梯”是《会饮篇》中的重要部分，探讨了人如何从具体的审美对象一步步上升，最终实现对美本身的观照。在这一过程中，从对形体美的审视，到对美的形式的感知，到对心灵美和行为美、制度美的理解，进而上升到对知识之美的渴求，最终达到对美的理念本身的直观。事实上，在“美的阶梯”的不同阶段，均对应着人的直观和感知方式的变化，因而“美的阶梯”既是作为对象的美的不断上升过程，也是对人的培养和塑造的过程。在这一过程中，既是一步一步实现了美本身的显现，更是幸福、善和不朽的人的逐步生成。

人对世界的感觉最重要的就是诉诸视觉与听觉。在审美活动中，审美主体“通过常在注意的听觉和视觉，把现实世界丰富多彩的图形印入心灵里”①，视、听构成了审美最重要的感官途径。柏拉图同样非常重视视觉在审美过程中的作用。在他看来，视觉感官是人的肉体中最敏锐的感官，可以被视为身体的导向。在出自本能的爱的促使下，人们“第一步应从只爱某一个美形体开始，凭这一个美形体孕育美妙的道理”②，进而可以爱一切其他形体，“在许多个别美形体中见出形体美的形式”③，从而“不再把过烈的热情专注于某一个美的形体……把它看得渺乎其小”④。简而言之，人们首先可以爱上美的形体、美的外观，在由一到多的不断感知的过程中可以逐渐见出更加普遍的形体美之形式。这种对美的形式的观照是实现人完整性存在的第一步。形式之美可以被一切人看到，最易向感官显现并被人所把握。但是，这种美的形式在向人显现时，也容易使个体沉溺其中，因而对纯粹的形式美的追求应当抛除对实在肉体的功利性占有，爱一切美的形式而不迷醉于具体的现实存在物。因此个人必须在美的形式的欲求中自行寻找其上升的可能

① ［德］黑格尔:《美学》（第1卷），朱光潜译，商务印书馆1979年版，第357页。

② 《柏拉图文艺对话集》，朱光潜译，人民文学出版社1959年版，第250页。

③ 同上。

④ 同上。

性，排除其本身可能带来的快感享受。其结果便是在美的形式的基础上，认识到内在心灵美的重要性。

对心灵美的珍视是实现人之道德存在的具体方式。在对美的形式的感知中，人们会逐渐认识到形式本身的外在性，或者说，认识到美的形式有赖于心灵之美，并以心灵之美为前提。因此，人们“应该学会把心灵的美看得比形体的美更可珍贵……凭他来孕育最适宜于使青年人得益的道理”[①]，即将心灵之美视作比形体美更重要的特质并予以珍视，这时美与善就有了密切关联。在柏拉图思想中，凭借爱而存在的人，在交往中必以善为最终欲求对象，而善首先通过美的心灵得以显现。因此，在感官审美之后，必然要转向对心灵的鉴赏，即包含着一种价值性、道德性的审美。在此基础上，人会逐步认识到行为、制度的美，亦即秩序之美，理智之美，发现各种美之间的联系，以实现现象世界中所有分有了美之特质的诸多对象之间的贯通。

“美的阶梯”由此可以进一步上升到对学问、知识之美的追求，并在此过程中达到对作为理念的美本身的直观。在古希腊传统中，智慧是最高的追求，是超越已有现实的绝对存在，亦即善的最高体现。因此，在对美的追求的过程中，必然要将对学问知识的追求上升到更高的阶段。当人最终将真理视作爱的对象时，“他凭临美的汪洋大海，凝神观照，心中起无限欣喜，于是孕育无量数的优美崇高的道理，得到丰富的哲学收获”[②]，即在这凝神关注中，通过审美想象，在那个豁然贯通的瞬间，美的理念得以现身，它无生无灭，不增不减。人的灵魂观照到作为理念的美本身，于是不朽就在对美本身的观照中成为现实。

通过“美的阶梯”，即从美的形体，到美的形式，美的心灵，再到行为、制度的美，美的学问知识，最终达到美本身，柏拉图给我们展示出如何从具体的美的对象一步步上升，最终实现对美本身的观照。这一过程同时也是对人的培养和塑造的过程，即如何通过心灵感知能力的培

① 《柏拉图文艺对话集》，朱光潜译，人民文学出版社 1959 年版，第 250 页。
② 同上。

养，循序渐进地使个人在身体、道德与智慧等方面不断获得提升、趋于完善，最终实现幸福、善与不朽。在这一过程中，个人有限的生命也以一种不断追求丰富的状态达致永恒。

另外值得注意的是，在“美的阶梯”中，柏拉图也向我们展示出古希腊人所理解的美，是涵盖了具体事物、形式、心灵、制度、知识、理念等等的广大领域，可以说，人的生存所涉及的所有领域，都可以被纳入美的范围，这也展示出古希腊人所理解的美始终与人的生存密切相关，或者说，人的生存就应当是审美生存。这样来看，古希腊意义上的美育就不是一种局限于特殊范围的教育，而是立足于人的全面发展的教育，是对完整的人的生存的教育。

如果说，“美育着眼于保持个体人精神的平衡和谐健康，使情感具有文明的内容，促进理性和感性的沟通，使之协调发展”①，那么它的最高层面就是提高人生的境界，实现对已有现实生命的超越。在《会饮篇》中，柏拉图关于爱的哲学即是关于审美的哲学，爱从其本质上规定着人的幸福、善与不朽的完整存在，而这种超越性的终极存在通过“美的阶梯”成为可能，这也使得这一文本具有了审美教育的内涵。具体来说，人的培养与塑造构成了美育的最终指向，幸福、善和不朽构成了美育的基本目标，而“美的阶梯”构成了美育的实现路径，由此构成了一个相对完整的美育思想体系，而所有这些，都需要落实在人的具体的生存实践活动之中。因此，《会饮篇》中的美育思想就具有了生存实践的内涵。很显然，这一思想所具有的开放性、包容性及深刻性对于我们今天的美育研究来说仍然具有非常重要的启发，是值得我们不断回返和汲取的思想资源。

第二节 康德艺术论的存在论体系

艺术论是康德美学的一个重要组成部分。但长期以来，一种普遍流

① 杜卫：《当代中国美育问题》，山东文艺出版社2008年版，第50页。

行的观点认为，康德耽于抽象思辨，对具体艺术作品所知甚少，其艺术理论只是其哲学思想逻辑推演的结果，因而不值得特别重视。甚至有学者认为，“康德彻底地且职业性地陷入启蒙运动知识论的体系之中。他对于艺术，对于艺术的体系、艺术创造以及艺术趣味毫无兴趣”[①]。因此，在以往对康德美学的研究中，关于艺术论的研究也相对薄弱。但实际上，康德艺术论中包含着关于艺术审美、艺术创造以及艺术作品存在方式的系统思考，并形成了相对完整的艺术存在论体系，对西方后来的美学思想产生了深刻影响。在对艺术的理解上，实践存在论美学认为，“艺术整体上存在于艺术创造——艺术品——艺术接受的动态流程之中”[②]，下文会揭示出，这一思想与康德对艺术的系统思考存在结构上的相似性，二者之间的联系值得我们进行细致研究。

在对艺术的思考一开始，康德就明确地将艺术定位于人的生产，“我们出于正当的理由只应当把通过自由而生产、也就是把通过以理性为其行动的基础的某种任意性而进行的生产，称之为艺术”[③]。很显然，在康德看来，艺术是一种生产、一种活动，而不是一个确定的、现成的对象。作为一种活动，艺术会体现在不同的方面、不同的层次之中，正是这些不同的方面和层次展现出康德对艺术活动的系统思考，具体来说，康德对艺术活动从艺术审美、艺术创造以及艺术品的存在方式等不同角度进行了细致分析，构成了完整的艺术存在论体系。因此，我们对康德艺术论体系的考察，将从康德关于艺术的整体思考出发，从艺术活动的不同方面具体展开。

一　艺术审美

在对艺术考察一开始，康德就明确指出，“在一个美的艺术作品上我们必须意识到，它是艺术而不是自然；但在它的形式中的合目的性却

---

① John Zammito, *The Genesis of Kant's Critique of Judgment*, Chicago: University of Chicago Press, 1992, p. 21.

② 朱立元主编：《美学》，高等教育出版社 2006 年版，第 326 页。

③ ［德］康德：《判断力批判》，邓晓芒译，人民出版社 2002 年版，第 146 页。

必须看起来像是摆脱了有意规则的一切强制，以至于它好像只是自然的一个产物。在我们诸认识能力的、毕竟同时又必须是合目的性的游戏中的这种自由情感的基础上，就产生了那种愉快，它是惟一可以普遍传达却并不建立在概念之上的。自然是美的，如果它看上去同时像是艺术；而艺术只有当我们意识到它是艺术而在我们看来它却又像是自然时，才能被称为美的”①。

必须注意到，康德在这里谈论的是“美的艺术作品”（Produkte der schönen Kunst）。尽管康德在使用“艺术”（Kunst）与“艺术作品”（Produkte der Kunst）这两个概念时并不十分严格，但仍然可以看出二者的基本区分：“艺术”指称的是一种独特的人类活动，而“艺术作品”则指称由这种人类活动所创造出的具体对象。这里康德明确提到的是“美的艺术作品”，他所思考的是艺术作品如何在审美活动中呈现出来，即艺术审美的问题。实际上，康德对艺术审美进行了颇具现象学意味的分析，给我们展现出对艺术审美活动的深入思考与独特理解。

康德认为，在对美的艺术的欣赏中，我们首先“意识到”“它是艺术”，这种“意识”来自于知性的判断；但同时，艺术又必须“像是自然”，而“像”则依赖于想象力的作用，或者说，就是在艺术审美活动中想象力的表现方式。从上引表述可以看出，在艺术审美之中，“像”显然居于核心位置。

关于“像”的现象学意蕴，笔者在“The Problem of Art and Nature—An Interpretation of a Section in Kant’s Critique of Judgment”一文中已经进行了详细分析：

> 当我们说“……像……”时，在这个线性结构之中，前者首先凸显出来，显现为在场。但随着“像”的展开，前者似乎开始隐入后者，由在场转为不在场，而后者则显现出来，成为在场。但同时，“像”又明确提示出前者与后者的差异，告诉我们前者才是

① ［德］康德：《判断力批判》，邓晓芒译，人民出版社2002年版，第149页。

> 实际存在，具有实存性。这时，前者又重新成为在场，而后者则成为不在场，前后二者似乎就处于不断地循环之中。在这种在场与不在场的相互交替中，“像”本身凸显出来，它的意义既不在于前者，也不在于后者，而是在于二者的循环、交替中所显现的某种意义交错的复杂关系。而且，在康德看来，艺术与自然就活动在“像”所展开的空间之中，相互映射，从而构成了一个游戏空间。很显然，正是“像”构成了并展开着这一交替，在二者的循环交替中，“像”显然具有决定性，它超越了并建构着在场与不在场，成为二者得以可能的某种源初境域。[①]

很显然，“像”的运动实际上跨越了、包含了艺术与自然两大领域，并使得二者之间的游戏和对话成为可能，从而体现出审美的源初性。这样，由“像”所开启的艺术审美就不是一个瞬间，而是一个过程、一种运动、一场游戏。其中，艺术作品不断地从艺术走向自然，又不断地从自然返回艺术，呈现为一种循环往复的运动，也就是说，在“像”所展开的审美境域之中，艺术作品通过想象力的作用会不断地超越自身的存在，指向自然，并不断地从自然返回自身（当然，这时所返回的自身由于想象力的参与已经具有了更为丰富的内涵和意蕴）。这样，整个艺术审美也就具有了存在论的内涵，体现为一个动态的、不断循环的过程。

更进一步来看，由“像”所展开的艺术审美活动构成了一个颇具存在论意味的境域，主体与艺术作品就在这一境域之中展现出各自的存在。也就是说，正是在“像”所展开的审美境域之中，主体才作为审美主体、艺术作品才作为艺术作品呈现出来。对于艺术审美来说，二者绝不是外在的，而是构成艺术审美活动必要的要素和环节，并会直接影

---

① Liu Kai，Keaton Wynn：“The Problem of Art and Nature—An Interpretation of a Section in Kant's Critique of Judgment”，*International Journal of Humanities and Social Science*，Vol. 3，No. 9，2013，p. 250.

响艺术审美活动的面貌和走向。

首先，“看起来像”总是“对……而言像”，它本身就预设了一个观看者，一个审美主体的存在。在康德看来，审美要成为可能，必须对主体心灵进行一定程度的“陶冶”，作为“一切美的艺术的入门”[①]，由此主体才能作为审美主体进入审美活动之中。而“陶冶”作为对人的“陶冶”，总是包含着对人的未来的某种期望或预期，并由此试图将既有的陶冶融入当下存在之中，从而影响未来。而当下存在与未来又会构成新的“陶冶”。因此，“陶冶”实际上在审美主体的当下存在之中包含着其所有的历史存在与对未来的期望，构成了人的存在中过去、当下、未来的深层次对话。这样，“像”之中就包含了审美主体所有的历史经验和现实存在，并在深层次上影响着主体的未来走向，由此构成了时间性意义上的完整存在（后来席勒的审美教育思想实际上就是这一思路的延伸）。

另一方面，“像”所面对的实际上是艺术作品“形式的合目的性”。正是这种“形式的合目的性”使艺术作品“像”是摆脱了一切强制，“好像只是自然的一个产物”。尽管艺术与自然在审美活动中彼此相“像”，但二者的地位显然不同。当康德说，自然被设想成“好像”有一个知性时，[②] 他已经改变了我们通常所理解的“自然”概念，或者说，已经改变了自然的现身方式。自然不再是完全外在于人的、与人对立的客观存在物，而是以一种更具亲和力、更切近、更源初的方式显现出来。这时的自然就具有了本体的意义，并最终构成了艺术的背景、基础和最终指向。很显然，艺术与自然在审美活动中实际上是无法分割的，但自然显然占据着更为重要、更为源初的位置。在这一意义上，“像”的游戏就体现出其“合目的性”，“像”所直观到的恰恰就是对象的合目的性的形式，而这一合目的性的形式也必须通过“像”的活动才得以展现出来。这样来看，在审美活动中艺术作品会不断地出离自

① ［德］康德：《判断力批判》，邓晓芒译，人民出版社 2002 年版，第 203 页。

② 同上书，第 15 页。

身、溢出自身，指向作为目的的自然（当然，这一目的很可能是永远无法真正达到的），体现出面向未来的开放性；而作为目的的自然也会返回来使当下的艺术作品作为“美的艺术作品”呈现出来。这样，艺术审美就体现出立足当下而又超越当下实际存在，指向未来而又不断返回自身的存在论内涵。

因此，尽管艺术审美首先是对艺术作品的当下直观，但在这个当下之中，又包含着复杂的内在游戏。在审美活动之中，主体心灵获得了不断的陶冶，艺术作品也会作为“美的艺术作品”呈现出来，而二者都会体现出某种循环往复的内在运动，这恰恰构成了艺术审美的独特表现方式。这样，艺术审美的当下就成为一个动态的、生发性的过程，审美主体与艺术作品就在当下的审美直观中展开并呈现出来。

二 艺术创造

以上我们分析了康德艺术论中对于艺术审美的独特思考，那么，接下来的问题就是，艺术作品由何而来？这就涉及艺术创造的问题，这同样是康德艺术论中的一项重要内容。

康德认为，艺术与自然的一个根本不同即在于艺术源于人的创造，正是创造使得艺术作品作为艺术作品呈现出来。而在艺术创造活动中，最重要的就是天才，“美的艺术只有作为天才的作品才是可能的”①。因此，艺术创造的关键就集中在天才之上。

与对美和崇高的分析相似，构成天才的内心能力同样包括想象力与知性。在艺术创造过程中，想象力毫无疑问起着主导作用，知性更多的是鼓舞、激起，而不是限制想象力的运动。这时的想象力，康德明确指出，是“作为生产性的认识能力”，即先验性的想象力，并开启出整个艺术创造活动。

在艺术创造中，想象力首先运动起来（实际上，天才之为天才，就在于想象力的活跃），产生出丰富的表象。这些表象完全无法预期，既

① ［德］康德：《判断力批判》，邓晓芒译，人民出版社2002年版，第151页。

不服从某些既定的规则，也无法被纳入到确定的概念之中，充分体现出想象力的创造性。

康德认为，这些由想象力的创造性运动所产生出来的表象，就是审美理念。实际上，审美理念本身就是一个奇怪的表达。既然从柏拉图以来的西方思想一直在强调理念的非感性、超感性的特征，那么，理念如何能是感性（审美）的？

康德说，“我把审美［感性］理念理解为想象力的那样一种表象，它引起很多的思考，却没有任何一个确定的观念、也就是概念能够完全适合于它，因而没有任何言说能够完全达到它并使它完全得到理解”①。之所以能够把这些表象称为理念，是由于“没有任何概念能够与这些作为内在直观的表象完全相适合”。而且更重要的在于，“它们至少在追求某种超出经验界限之外而存在的东西，因而试图接近于对理性概念（智性的理念）的某种体现，这就给它们带来了某种客观实在性的外表”②。也就是说，这些表象尽管是直观的，但却并不局限于感性本身，而是能够突破自身的局限，指向某种超感性的存在。因此，严格来说，审美理念并不是理念，而是居于感性和理性之间，并试图联系、沟通二者的特殊存在。从其直观性上来说，它是感性的；从其内涵的超越性上来说，又具有理念的特征。但正因为审美理念横跨现象、本体两个世界，因而在某种意义上恰恰体现出超越二者的源初性。

不难发现，在艺术创造活动中想象力与审美理念二者始终具有密切关联：想象力不是抽象的，总要通过审美理念呈现出来，而审美理念总是源出于想象力的运作，是想象力的直观表现。

更进一步来看，尽管完全无法预期，但在艺术创造活动中由想象力所推动的审美理念的运动并不是任意的。康德始终强调，艺术创造必须以一个目的为前提，“由于艺术在原因里（以及在它的原因性里）总是以某种目的为前提的，所以首先必须有一个关于事物应当是什么的概念

① ［德］康德：《判断力批判》，邓晓芒译，人民出版社2002年版，第158页。
② 同上。

作基础”[①]，因而是以知性为前提。但是，尽管想象力以知性目的为前提，但却又不局限于这个特定的目的，相反，总是能以各种新奇的、无法预期的方式来扩展这一概念，给予其更为丰富的内涵。

当知性无法满足想象力不断扩展的要求时，想象力最终就会唤起理性的参与，“使智性理念的能力（即理性）活动起来，也就是在引起一个表象时思考到比在其中能够领会和说明的更多的东西”[②]。这时，想象力的创造性运动就指向了道德理念，这构成了艺术创造的最终指向，当然，也构成了审美愉悦的来源。因为康德随后指出，美的艺术所唤起的不是单纯的感官愉悦，而必须“被结合到那些惟一带有一种独立的愉悦的道德理念上来”[③]。

因此，艺术创造活动就体现为想象力与知性的游戏：受到知性概念的鼓舞和刺激，想象力以丰富的表象（审美理念）不断扩展这一概念，并最终超越了这一概念，创造出知性无法确定表达的表象。这时，理性能力会活跃起来，引导想象力去“追求某种超出经验界限之外而存在的东西，因而试图接近于对理性概念（智性的理念）的某种体现”[④]。因此，这些表象尽管无法被纳入到确定的概念之中，但却最终指向了作为道德本体的理念，从而体现出深层次的合目的性。这一追求也最终会返回来构成不同于纯粹感官愉悦的、独特的审美愉悦。这样，艺术创造活动就体现出确定而又不确定、无目的而又合目的的指向，展现出不断超越自身、又不断返回自身的独特存在方式。在这个意义上，可以说艺术创造就体现在这种融合了感性和理性，无法被任何既定规则所限制的游戏之中。

正因为艺术创造活动无法被任何既定规则所限制，因此在艺术创造活动中总是包含着一些无法被充分解释的东西。康德指出，“作品的创造者把这作品归功于他的天才，他自己并不知道这些理念是如何为此而

---

① ［德］康德：《判断力批判》，邓晓芒译，人民出版社 2002 年版，第 155 页。

② 同上书，第 159 页。

③ 同上书，第 171 页。

④ 同上书，第 158 页。

在他这里汇集起来的，甚至就连随心所欲或按照计划想出这些理念、并在使别人也能产生出一模一样的作品的这样一些规范中把这些理念传达给别人，这也不是他所能控制的”①。这充分体现出艺术创造的神秘性，即推动艺术创造活动的真正力量不是来自于创造者本人，而是来自于超越了创造者本人的、无法被理性把握的天才。正因为如此，也才能够使得艺术创造活动始终保有其生动性和创新性。

最后，想象力与知性的游戏最终所实现的，就是艺术的“精神”。康德指出，“精神，在审美的意义上，就是指内心的鼓舞生动的原则。但这原则由以鼓动心灵的东西，即它用于这方面的那个材料，就是把内心诸力量合目的地置于焕发状态，亦即置于这样一种自动维持自己、甚至为此而加强着这些力量的游戏之中的东西”②。在康德看来，精神始终是生动的、活泼的，其中包含着想象力与知性的合目的的游戏。这一游戏会“自动维持自己”，也就是说不需要、也不依赖于任何外在条件，而能自我运作，这正体现出艺术创造活动的自由；同时，理性的参与最终还能返回来“加强着这些力量”，使审美活动始终处于“焕发”状态，去追求超越性的智性理念，这也体现为艺术创造活动的最终指向。可以说，作为天才能力的直接显现，精神就是艺术的内在生命，是艺术创造活动所呈现出的最终状态。

总体来看，康德通过对天才内心能力的分析，给我们描画出艺术创造活动的内在机制、精神指向及其所呈现出的最终状态，这些构成了艺术创造活动的完整存在。这一分析也体现出康德艺术论对于艺术创造活动的系统把握与深入思考，具有重要的理论价值。

三 艺术作品的存在方式

艺术作品一旦被创造出来，就会作为经验现象，成为现实世界中一个确定的存在。但作为天才的创造，艺术作品又不同于具体的物的存

① ［德］康德：《判断力批判》，邓晓芒译，人民出版社2002年版，第151页。

② 同上书，第158页。

在，而是和之前、之后的作品有着复杂的关联，展现出自身独特的存在方式。既然艺术作品源于天才的创造，那么对艺术作品存在方式的分析同样需要从天才开始。

康德指出，天才就是“一种产生出不能为之提供任何确定规则的那种东西的才能”，这意味着打破经验时间的连续性，截断众流，绝对地开启一种状态的能力。因而，独创性构成了天才的第一特性[①]，它使得经验时间中的一个瞬间在整个时间链条中凸显出来，构成经验时间的断裂，由此创造出一个特异的现在。在康德看来，艺术作品不是来自于对以往作品的模仿，而是直接源出于天才的创造。因而艺术作品的存在似乎就是一种特异的现在，一个全新的开始，既不服从任何现成的规则，也不能被纳入到任何既定的框架之中。更为重要的是，由于以天才为基础（我们上面已经分析了天才的内心能力，其中包含着循环往复的内在运动），艺术作品的现在就不是一个静止的点，而是不断涌动的、开放性的瞬间。这样，艺术作品就不会局限在自己由以产生的特定的经验时间上，而是会超越这种经验时间，在不同的时间之中体现出当下性，成为一个活生生的现在。

因此，尽管艺术作品总是产生于某个特定的时代，作为经验世界中的现实存在有着经验时间的确定性。但它并未被局限于这个特定的经验时间之中，而是以其当下性体现出对于经验时间的超越。但这一当下要成为一种活生生的当下，还有赖于天才的另一特性——典范性，正是由此艺术作品才展现出作为艺术作品的完整存在。

在康德看来，尽管天才的作品不能来自于模仿，但作品一旦被创造出来，就可以或者应该成为后人模仿的典范。但这时的模仿并不是一般意义上的模仿，而是一种启发、唤起，也就是说，天才始终作为标准和准绳，召唤着后来的作品。

当然，天才的召唤并不是直接给予或提供一个确定的规则，而仅仅在于唤起另一位天才的独创性和自由，也就是唤起另一天才的主体性，

① ［德］康德：《判断力批判》，邓晓芒译，人民出版社 2002 年版，第 151 页。

使之作为天才而存在。在这个意义上，召唤实际上就是通过以往的作品提供一个特定的契机，使得另一天才活跃起来，以自己独特的艺术创造活动回应之前作品的召唤。这样，后起的作品尽管受到之前作品的启发，并与其保有某种精神联系，但由于这一作品同样来自于天才的创造，因而仍然是一个独特的存在。在这个意义上，艺术就是天才与天才之间的对话，在其根底上就包含着主体间性。可以说，正是这种主体间的对话才构成了艺术的真正历史。

因此，天才的作品不只是一个当下的存在，而是能够或者应该作为典范不断地被之后的作品回溯，供后人模仿。而且正是后来的天才作品不断地回溯，才使得之前的作品始终具有当下性，成为活生生的现在。这样，艺术作品的存在就具有了特殊的存在方式：一方面是天才作品对未来天才的召唤，另一方面是后来作品对之前典范的回溯。很显然，在艺术作品存在的当下性中本身就包含着过去和未来的维度，这样的当下也就成为一个特异的现在、一个开放的瞬间。这样看来，艺术作品在主体间性之中就始终具有自身的当下性，成为鲜活的存在，这也构成了艺术作品独特的存在方式。

实际上，艺术作品的独创性和典范性是一而二、二而一的。艺术作品只有是独创的，才可能成为典范；而典范的意义就在于其以不可预期、不可重复的独创性为后来的作品确立了标准和准绳。正是独创性与典范性的结合使得艺术作品具有了自己独特的存在方式，这对于20世纪的阐释学、接受理论等思想无疑具有重要启发。

伽达默尔的阐释学始终强调理解的历史性，“每一时代都必须按照它自己的方式来理解历史流传下来的本文，因为这本文是属于整个传统的一部分，而每一时代则是对这整个传统有一种实际的兴趣，并试图在这传统之中理解自身。……因此，理解就不只是一种复制的行为，而始终是一种创造性的行为”①。因此，真正的理解活动就是“视域融合”

① ［德］伽达默尔：《真理与方法》（上卷），洪汉鼎译，上海译文出版社1999年版，第380页。

的过程，即文本的历史视域与理解活动的当前视域之间的融合，由此历史就展现为所谓“效果史”。很显然，这一思想强调了文本作为效果史的存在，即融合了历史与当下、并不断开启未来的存在方式。在此基础上姚斯的接受理论进一步提出，“一般文学作品并不是一个独立存在的并为每一时代的每一读者都提供同一视域的客体。它不是一座自言自语地揭示它的永恒本质的纪念碑。它倒非常像一部管弦乐，总是在它的读者中间引出新的反响，并且把本文从文字材料中解放出来，使之成为当代的存在”[①]。也就是说，艺术作品在每一时代都可以具有当下性，而这一当下性的获得则需要通过与不同时代读者之间的交流来实现。这些思想与康德关于艺术作品存在方式的思想不无相通之处（实际上，伽达默尔在《真理与方法》中关于艺术真理的分析本身就植根于康德美学的理论遗产之上），也从不同的侧面显示出康德艺术论的现代意义。

以上我们分别从艺术审美、艺术创造以及艺术作品的存在方式三个方面探讨了康德艺术论的内涵，实际上已经展现出整个艺术活动的存在方式。作为艺术活动的存在方式，三者之间包含着内在关联：艺术审美中的“像”体现出想象力的运作，艺术创造与艺术作品实际上都以天才为基础，而想象力恰恰是构成天才的最为重要的内心能力。因此，想象力就成为贯穿三者的重要线索，也成为整合三者使之成为一个整体的关键所在。更为重要的是，通过以上分析可以看出，从艺术审美中“像”的内在运动，到艺术创造中想象力与知性的游戏，再到艺术作品存在中过去、现在、未来的相互对话，这三个方面都体现出某种循环往复的运动，展现出某种共同的内在机制，这也使得这些不同方面能够真正融合在一起，相互协调，构成一个体系性的完整存在。这样，通过对艺术活动的深刻思考和系统把握，康德的艺术论实际上已经形成了相对

① 胡经之、张首映主编：《西方二十世纪文论选》（第三卷），中国社会科学出版社1989年版，第151页。

完整的理论体系，包含着存在论的理论视角，其中的一些观点与实践存在论美学思想之间不无相通之处。对这一体系进行研究和探讨，不仅可以展现出康德艺术论的总体面貌，对于我们进一步理解和把握实践存在论美学的方法论意义也具有重要价值。

第三节　席勒《审美教育书简》中的人性问题

人性是席勒美学中的重要概念，也是理解席勒《审美教育书简》（以下简称《书简》）的重要线索。在关于《书简》的研究中，人性问题始终受到学界的关注，并积累了一些值得注意的研究成果（如张玉能就将席勒的美学体系概括为“人性美学体系”①）。概括来看，当前学界关于《书简》中人性思想的理解多从总体角度着眼或围绕审美、“游戏”等具体问题展开，对于《书简》中人性问题的研究方法则关注不多。从实践存在论的角度来看，《书简》中所展现的人性不是静止的，而是体现为动态的、多维度的存在。正是在人的现实的、历史的、先验的实践活动之中，人性才得以生成并展现出来。因此，结合现有研究，我们认为，席勒在《书简》中立足于启蒙时代的思想背景，对人性进行了多角度的审视和分析，建构起一个完整的人性分析模型，体现出对人的存在的完整思考，具有十分重要的理论价值和方法论意义。理解并掌握《书简》中席勒人性分析的理论模型，对于完整地理解《书简》中的人性思想具有重要价值。这一研究将揭示出席勒对人的存在的系统性思考、席勒美学中审美与人的存在的内在关联，以及实践存在论美学在美学史研究中的方法论意义。

一　人性的现实分析

西方从文艺复兴开始，逐渐摆脱了中世纪的宗教束缚。这时，现实

① 张玉能：《席勒的人性美学体系》，《青岛科技大学学报》（社会科学版）2013 年第 4 期。

世界不再是通向天国的过渡，而具有了自身独立的价值。由此人们开始关注经验现实，肯定人的现世存在，并将现实状况与人性状况相联系，从人性出发审视现实。人文主义作为当时的主流思想，充分体现出这一时代要求。它们着力肯定人性，特别是人性中感性、欲望的合理性；提倡个性解放，反对禁欲主义，强调人的现世幸福高于一切；提倡自由、平等、博爱。这些思想当中无疑包含着对现实的肯定和重视，体现出思想解放的先声。

启蒙运动时期，得益于理性和批判的视野，人们不再仅仅是肯定现世的存在，而是开始更为深入地思考现实中的问题，尤其是立足人性来思考现实问题。早期的启蒙思想家如卢梭、伏尔泰、孟德斯鸠等均有着明确而自觉的现实意识，力图通过对现实的批判性分析揭示人的自然权利，建构起理想的社会制度。如伏尔泰立足于人的自然权利对君主专制的批判，孟德斯鸠在人的自由的基础上对三权分立政治制度的提倡，卢梭将自然状态与文明状态相对立，对文明状态的社会现实的强烈批判等等，均具有明确的现实指向。特别是对席勒产生重要影响的康德思想，通过实践理性对现实中德福问题的思考、在道德的基础上对当时宗教问题的回应等，也包含着强烈的现实关怀，这些都构成了席勒思考现实问题的理论基础。

置身于启蒙时代，席勒对于现实同样有着强烈的关注。其著名剧作《阴谋与爱情》就直接展示出 18 世纪德国的社会现状，具有强烈的现实指向。《书简》虽然核心是关注审美问题，但这一问题在文本中的正式提出却相对靠后。席勒在前面几封信中花了很大篇幅分析时代的状况，看似有点偏离主线，但实际上，席勒正是通过分析现时代人的境况来提出审美问题。这体现出席勒的思想方法和问题意识，即立足现实问题来分析和理解人性，揭示出人性的现实维度。

席勒对时代的基本判断是“实用”。在第 2 封信中，席勒明确指出，“实用是这个时代的巨大偶像，一切力量都要侍奉它，一切才能也都要尊崇它。在这架粗俗的天平上，艺术的精神功绩没有份量，而且艺术得不到任何鼓励，她便正在从本世纪的喧嚣的市场上消失”①。对实用的追求已经不是单个人的心理习惯，而成为整个时代普遍的思维方式。在这样的时代氛围中，艺术及其精神价值由于不具有直接的实用性，当然就会被边缘化。因此，实用主义的盛行带来的是精神价值的疏离，生活中超越维度的丧失，以及生活本身的虚无化。实用主义看似关注现实生活，实则抽去了生活的内在根基。

另一方面，实用主义的盛行也给人性带来内在的创伤。在席勒看来，人性之中本来包含着直觉和思辨两种力量，二者在完整的人性中应该彼此协调。但是现在，“直觉的知性和思辨的知性敌对地分布在各自不同的领域，并开始怀着猜疑和嫉妒守卫着各自领域的界限”②。这种人性的创伤具体会体现在经验层面上，形成社会的分裂状况，即整个社会分裂为上层阶级和下层阶级，二者彼此对立。一方面，“在人数众多的下层阶级中，展示在我们面前的是粗野的、无法无天的本能”③，这些本能力图摆脱任何既定规则的约束，急于寻求动物性的满足。另一方面，有文化的阶级尊奉着精致的利己主义原则，呈现出一幅文弱和性格腐化的状况。“这里是粗野，那里是文弱，这是人类堕落的两个极端，而这两者却在同一个时期里结合起来！”④

更进一步来看，现代社会中人性的创伤并不是偶然造成的。席勒注意到，一方面是现代科学的学科化、门类化，另一方面是现代社会职业化、等级化的组织形式，二者共同作用造成了人性的分裂。值得注意的是，无论是现代科学还是科层化的社会组织形式，都是17世纪以来人类存在方式转变的具体表征，即所谓“现代性”现象。正如特洛尔奇所说，德国唯心论作为现代性思想的一个类型，“是一个文化历史现象，一个包括知识学—思想层面、社会文化层面和政治层面

① 《席勒散文选》，张玉能译，百花文艺出版社1997年版，第155页。
② 同上书，第169页。
③ 同上书，第165页。
④ 同上书，第164页。

的事件"[①]，这在《书简》中有着明确体现。如果说，科学代表的是精神层面的转变，社会组织形式则代表的是经验层面的变化，二者共同指向了某种逻辑性、区分性的特征，从而影响着人类的存在方式，造成了人性的内在分裂。那么，从现代性的角度来看，这一分裂有其必然性。这样来看，席勒对时代的分析实际上远不止于他生活于其中的那个时代，而是具有现代性的内涵。而席勒对审美的重视既是现代性问题的表征，在某种程度上也构成了对启蒙理性和现代性本身的反思。正是在此意义上，哈贝马斯将《书简》定位为"现代性的审美批判的第一部纲领性文献"[②]。

实际上，席勒明确意识到了这种创伤的必然性，即只有经过这种创伤，人类才能获得更高程度的发展。可以说，人性中的分裂和创伤是人类发展的必由之路，也就是说，"要发展人身上的各种天赋才能，除了使这些才能相互对立之外，没有任何别的办法。各种能力的这种对抗是文化的伟大工具"[③]。我们不难发现这一思想之中包含的对进步的信仰，这一点在后来黑格尔辩证法思想中得到系统阐发。如果说，这种创伤是人类发展必须付出的代价，这也代表着，当代人性中的对立、现实的分裂实际上有其合理性，是人类发展必然要经过的一个阶段。那么问题是，在这一阶段，我们除了承认其必然性，还能有所作为吗？席勒马上指出，人性中的这种对立和分裂固然有其合理性和必然性，但只是文化发展的一个工具，我们切不可将工具本身作为目的。也就是说，我们不能停留在这一对立阶段，而应当寻求超越这一对立、走向更高阶段的可能路径，其核心就在于恢复人性的完整性。因此，席勒对现实的透视和分析既看到了现实中的必然性，又试图寻求现实之中蕴含的可能性，并以这种可能性试图超越、摆脱这一必然性。这也为后文审美的出场埋下了伏笔。

---

① 刘小枫：《现代性社会理论绪论》，上海三联书店 1998 年版，第 181 页。

② ［德］哈贝马斯：《现代性的哲学话语》，译林出版社 2004 年版，第 52 页。

③ 《席勒散文选》，张玉能译，百花文艺出版社 1997 年版，第 173 页。

这里，席勒始终关注现实问题，并将政治、现实问题的解决落实到人性问题之中，试图从人性的层面上寻求现实问题的解决之道。也就是说，政治的、现实的转变要以人性的转变为前提。因此，人性并不是一个抽象的存在，而是体现在当下具体的现实之中，现实问题最终是人性问题的反映。这样，从现实的角度透视人性，将现实问题还原为人性问题，并从人性角度寻求解决现实问题，就成为席勒考虑问题的主要思路，这实际上也是德国古典美学的一个普遍思路。正如蒋孔阳所说，“德国古典美学都是把美学当成解决矛盾的工具，都是希望通过审美的活动来解决内心的矛盾，从而达到解决现实的矛盾的目的”[①]。

总体来看，席勒始终关注从现实的问题思考人性的问题，人性构成了现实得以可能的内在依据。这构成了席勒人性分析的经验起点。因此，席勒的分析就从现实的角度给我们提供了一个审视和分析人性问题的可能途径，而这恰恰源自于人性存在的现实维度的理解。后面我们会看到，现实同样构成了《审美教育书简》的问题指向和最后归宿，即席勒最终是要通过审美解决现实的问题。而他所理解的人性，在启蒙的思想背景下，尤其是在康德思想的影响之下，同时也是某种先验的存在。

二 人性的先验分析

先验分析方法在德国古典美学的理论研究之中占有重要地位，席勒在第十封信中明确指出了这一分析方法对自己整个研究的意义，即它使得关于人性的分析能够超越个体的、偶然的状态，把握人性存在的必要条件，从而揭示出人性中绝对的和普遍的东西。[②] 如果说，现实分析让我们意识到了人性存在的问题，那么，先验分析则要给我们展示出这些问题如何产生以及可能的解决途径。

席勒的这种先验分析方法显然来自于康德，同时也是贯穿整个德国

① 蒋孔阳：《德国古典美学》，商务印书馆 2014 年版，第 27 页。
② 《席勒散文选》，张玉能译，百花文艺出版社 1997 年版，第 192 页。

古典美学的基本方法。

“先验”（Transcendental）一词康德取自经院哲学，并给予了自己的解释，即“我把一切与其说是关注于对象，不如说是一般地关注于我们有关对象的、就其应当为先天可能的而言的认识方式的知识，称之为先验的”[①]。或者说，先验“并不意味着超过一切经验的什么东西，而是指虽然是先于经验的（先在的、先天的），但却仅仅是为了使经验知识成为可能的东西”。[②] 可以看到，康德的先验分析探讨的是使认识得以可能的先天条件。因此，先验强调的是先于经验、但使得认识得以可能这一涵义，由此先验分析也就具有了知识学—存在学的双重涵义。[③] 在《书简》中，席勒的人性分析力图寻找那使得人的现实存在得以可能的内在要素和必要条件，因此，这一分析也就带有先验的意味。

在《书简》中，席勒关于人性的先验分析由一系列二元区分构成，以此抽象出人性的内在要素。如人格与状态、自由与时间、感性本性与理性本性等，看似繁琐，实际上有着自身内在的体系性。概而言之，对人性的抽象区分，可以展示出人性中固定不变的和不断变动的东西，即人格与状态。人格以自由为基础，状态的则以时间为基础。因此，“完美地表现出来的人，应该是在如潮似涌的变化之中本身永远固定不变，保持恒定的统一体”[④]。

由此也在人身上展示出两种本性：感性本性与理性本性。两种本性的显现与运动则体现为两种冲动：感性本性会努力将人置于时间之中，从而形成感性冲动，其对象是生活；理性本性力图凸显出人格的统一性，指向了自由，从而形成形式冲动，其对象是形象。

在席勒看来，感性冲动与理性冲动分属不同的领域，遵循不同的原则。能够把感性冲动与理性冲动结合起来并使二者相互协调的是一种新

① ［德］康德：《纯粹理性批判》，邓晓芒译，人民出版社 2004 年版，第 19 页。

② ［德］康德：《任何一种能够作为科学出现的未来形而上学导论》，庞景仁译，商务印书馆 1978 年版，第 172 页注。

③ 孙周兴：《后哲学的哲学问题》，商务印书馆 2009 年版，第 38 页。

④ 《席勒散文选》，张玉能译，百花文艺出版社 1997 年版，第 195 页。

的冲动——游戏冲动。游戏冲动内在于人的本性，构成了人性的完整性。“在人的一切状态中，正是游戏而且只有游戏才使人成为完整的人，使人的双重本性一下子发挥出来。”① 而游戏冲动所指向的对象，就是活的形象，就是美。因此，美作为游戏冲动的对象，代表着人性的完整和统一，也自然发挥着弥合人性的功能。游戏、美都从人性获得了说明，都从完整的人性获得自身的规定性，并在人性分裂的状况下发挥着弥合人性的功能。在这个意义上，审美与生活其实没有本质的区别。也正是在这一意义上，席勒才会指出，“只有当人是完整意义上的人时，他才游戏；而只有当人在游戏时，他才是完整的人。……这个原理将支撑起审美艺术和更为艰难的生活艺术的整个大厦”②。“完整意义上的人”与“游戏”互为前提，二者实际上是同一的。因此，真正的人是审美的人，真正的生活是审美的生活。美实现了人性中的统一与和解，这一思想突出了美在现代人、现代生活中的意义，无疑具有重要的理论价值。正如黑格尔所说：“席勒的大功劳就在于克服了康德所了解的思想的主观性与抽象性，敢于设法超越这些局限，在思想上把统一与和解作为真实来了解，并且在艺术里实现这种统一与和解。”③ 通过艺术和美实现人性的完整性，这是席勒理论上的贡献，也凸显出艺术与美对于人的存在的意义。

更进一步来看，这种先验的分析也解释了现实中存在的两种不同的美的形态，即理想状态的美与经验中的美。统一的美或理想状态的美源于人性中两种力量的平衡。但经验中的美往往会偏离这种理想状态，偏向于其中某一种力量，即或者偏向于感性方面，或者偏向于理性方面，从而形成二重性的美，“观念中的美永远只是一种不可分割的、独一无二的美，因为只可能有唯一的一种平衡；相反，经验中的美却永远是一种双重性的美，因为在摇摆时可以以双重方式，即从这一边和从那一

① 《席勒散文选》，张玉能译，百花文艺出版社 1997 年版，第 213 页。

② 同上书，第 214 页。

③ ［德］黑格尔：《美学》（第 1 卷），朱光潜译，商务印书馆 1979 版，第 76 页。

边，打破平衡”①。当然，在席勒看来，美的二重性实际上来自于人的不完善。正是人性的内在问题导致了美的二重性，“恰恰是人把他的个体的不完善转嫁给了美，是人通过他主体的限制不断给美的完成设置障碍，并把美的绝对理想降低为两种受到限制的现象表现形式”②。如果说只有在游戏之中，才能弥合人性以及审美的内在分裂，完整的人才能体现出来，那么，解决人性的问题就需要借助于审美的途径。因此审美教育的任务就是“使美的两个对立的种消融在理想美的统一体中，同样人性的那两种对立的形式也消融在理想人的统一体之中”③。但问题是，如果审美本身就是分裂的，如果我们遇到的总是二重性的美，如何能够借助于这种美来解决人性问题？这里席勒提到了“观念中的美”，在他看来，尽管现实中的美是有限的，但观念中的美是统一的，理想性的。我们可以借助观念中的美来进行审美教育。但问题仍然存在，观念中的美如果不是经验中的美，我们如何能够在现实中遭遇到它？当然，在这里，观念中的美只能是一种先验存在，正如完整的人性对于席勒也是一种先验存在一样。那么，这种先验的存在如何能够通过审美教育进入现实并作用于现实，实际上存在着某种内在困难。也就是说，如果我们已经具有观念中的美（理想美）和完整的人性，那就无须审美教育，如果我们不具有观念中的美（理想美）和完整的人性，那么如何开展审美教育？这里似乎暴露出先验分析方法自身的某种局限性。

总的来看，席勒关于人性的先验分析包含着几个关键之点：第一，人性之中包含着两种本性、两种冲动，二者遵循不同的原则，存在着某种内在的紧张。第二，人性中同时包含着自我调节机制，即游戏冲动。它能够消除两种运动的紧张，使人性达到和谐统一状态。第三，游戏冲动的对象是美，因此，美实际上是实现人性和谐的基本条件和内在需

① 《席勒散文选》，张玉能译，百花文艺出版社1997年版，第216页。
② 同上书，第221页。
③ 同上书，第219页。

要。第四，游戏，美代表完整的人性，二者互为因果。因此，审美状态即为属人的状态、完整人性的状态。第五，人性不是一个既定状态，不能一劳永逸地拥有，而是一种理想状态，需要通过审美不断确立和获取。因此，在审美之中，人们“能每一次都通过审美生活重新得到这种人性”①。事实上，通过将美与人性相关联，作为完整人性的内在需要，席勒关于人性的先验分析也解决了审美存在的必要性的问题。

之前指出，席勒始终力图在人性两种冲动之间维持某种平衡。这里我们比较感兴趣的是席勒将审美状态定位为人性之中的某种“中间心境”。具体来说，“心灵从感觉过渡到思维要经过一个中间心境，在这种心境中感性与理性同时活动……心灵既不受自然的强制，也不受道德的强制，却以这两种方式活动，因而这种中间心境理应特别地称为自由的心境。如果我们把感性规定的状态称为自然状态，把理性规定的状态称为逻辑的和道德的状态，那么我们就必须把这种实在的和主动的可规定性的状态称为审美状态”②。在这种作为“中间心境”的审美状态中，人的两种冲动能够同时发挥作用，但并不会造成相互抵牾和彼此限制，而是会达到彼此的平衡。这时人的内心也不会受到两种冲动的规定和限制，从而进入自由的状态。但要实现这种作为某种“中间心境”的自由状态，席勒强调了需要心灵之中的某种“过渡”。这种过渡不仅仅是心灵之中两种力量之间的过渡，更是人性发展和人类历史之中的过渡。这一思想实际上已经透露出席勒人性分析的历史性消息。

三 人性的历史分析

席勒对人性的分析包含着内在的历史意识，这构成了席勒人性分析模型的又一侧面。

文艺复兴时期的人文主义思想已经体现出对人自身的关注，而当时“地理大发现”对人类多样性的认知，也极大地开拓了人类的视野，由

① 《席勒散文选》，张玉能译，百花文艺出版社1997年版，第237页。

② 同上书，第233—234页。

此也促使了现代历史哲学的兴起[①]，历史问题遂成为时代的普遍问题。而之后启蒙思想中也包含着自身的历史意识。卡西尔在《启蒙哲学》里概括道："启蒙哲学提出了关于宗教现象的历史的问题，正是在这一领域，人们最先迫切地感到必须解决这个问题。然而，启蒙思想不可能停留在这个开端上，它不得不得出新的结论，提出新的要求，而这反过来又开辟了历史领域的整个视野。"[②] 这时，对人性的分析尽管还带有很强的思辨色彩，但已体现出与之前不同的思考方向。在关于人性的思考中，一个根本问题就是人性的生成，即将人性放在人类发展的历史背景之下加以考察，从人类发展的历程思考人性如何可能的问题。这构成了理解和思考人性问题的一条重要线索。

近代思想中，维柯率先系统思考了人类的历史发展，着力探索人类历史发展的道路与内在规律，建立了现代意义上的历史哲学。具体来看，维柯的历史哲学从人类历史发展的角度将人性的生成和演进区分为三个历史阶段，即神的时代、英雄时代和凡人时代。[③]

最初是神的时代，这一时期人们在想象力方面最强，但是在推理方面最弱。这是诗性的，因而也是神性的时代。原始人对大自然心怀敬畏。他们在惊奇中通过想象认识世界，并在想象中创造和形成历史。接着发展到了英雄时代。这个时代的英雄相信自己来自于天神，这是直接出自诸神时代的社会，同时也可以说是自然状态的鼎盛时期。这是人类社会从史前史阶段过渡到真正历史的黎明。最后是"人"的时代，即人通过对于自己理性的支配来认识自身以及世界。这时，人的理性得到了充分的发展，各种自然科学也相继发展起来。

维柯对历史的看法植根于人性的发展，即想象力与理性的相互关系，三个阶段的区分具有十分重要的方法论意义，其对于诗性和想象力

---

① 邱建群：《文艺复兴与历史哲学的兴起——兼论维柯革命性的开拓》，《辽宁大学学报》（哲学社会科学版）2004 年第 6 期。

② ［德］卡西勒：《启蒙哲学》，顾伟铭、杨光仲、郑楚宣译，山东人民出版社 1988 年版，第 191 页。

③ ［德］维柯：《新科学》，朱光潜译，人民文学出版社 1986 年版，第 429 页。

的重视对于现代感性和审美问题的凸显也具有重要启发。

这一审视历史的思路在启蒙哲学中得以延续。

卢梭关于“自然状态”和“文明状态”的对比就体现出某种历史性的思路。卢梭的《论人类不平等的起源和基础》就是从思辨的角度考察人性的历史确立和人的历史生成。尽管不一定是历史事实的分析，但却体现出某种明确的历史意识。这一点在康德的《人类历史起源臆测》一文中得以继承。在那里，康德以“臆测”的方式将人类历史描述为“一部出自人性中原始秉赋的自由的最初发展史”①，即人类的历史就是自由的发展史，并明确区分出人类理性进展的几个重要步骤：从本能冲动，到对本能冲动的驾驭，再到对未来的期待，最终达到真正理解人是大自然的目的。这一以理性为基础对人类历史的考察并不是来自于严密的文献分析，但和卢梭一样具有明确的历史意识，并直接影响到席勒对人性问题的思考。

作为维柯的主要继承者之一，赫尔德关于历史哲学的思想无疑值得重视。赫尔德把人类历史大致分为三个阶段，即诗歌阶段、散文阶段和哲学阶段。按照赫尔德的观点，人的本质目的是人道，历史进化的目的就是人道的实现，即理性和正义的实现，而人道的完成正是历史发展的终极结果。这种关于历史的三分法、人性基础上的历史意识等思想也体现在席勒关于人性的分析之中。

在《书简》一开始，席勒关于人类认识的思考就已经暗示出这种历史性的线索。在第3封信中，席勒明确区分了两种国家，“自然国家”和“道德国家”，并在此基础上提出了在人的自然性格和道德性格之外的第三种性格，“这第三种性格与那两种性格都有亲缘关系，它开辟了从纯粹力量的统治过渡到法则的统治的道路，它不会阻碍道德性格的发展，反而会充当不可见的道德性的感性保证”。② 三种性格的区分已经暗含了历史性的维度。在第6封信谈到人的发展时，席勒指出，只

① ［德］康德：《历史理性批判文集》，何兆武译，商务印书馆1990年版，第59页。

② 《席勒散文选》，张玉能译，百花文艺出版社1997年版，第159页。

有通过人的不同才能的相互对立才能使人获得更高程度的发展，这一观点同样包含着内在的历史意识。这种历史性思考在《书简》后来的分析中得到了进一步地明确和完善。

与之前的先验分析着眼于人性的内在构成不同，在《书简》最后一部分中席勒进而从外部考察人性的生成与发展，区分出了人性发展的三个阶段和三种状态，即自然状态、审美状态和道德状态。三种状态并不是并列的，而是包含着历史性演进的内在线索。席勒关于三个状态对于人的意义做出了一个最简明的表述，即“人在他的自然状态中仅仅承受自然的力量，在审美状态中他摆脱了这种力量，而在道德状态中他支配着这种力量”①。而且，无论是对于个人还是对于整个人类，三个阶段都是必须经历的，即“可以区分出发展的三个不同时期或阶段，不论是个人还是整个族类，如果要实现他们的全部规定，都不得不必然地和以一定的秩序经历这三个阶段”②。也就是说，三个阶段是一种历史的必然性。

当然，三个阶段并不是彼此割裂的。关于三者之间的关系，席勒指出，“从感觉的受动状态过渡到思维和意志的主动状态，只能通过审美自由的中间状态来实现。……总而言之，要使感性的人成为理性的人，除了首先使他成为审美的人以外，没有其他途径”③。这样，我们可以看到席勒给我们描绘的人性演进的历史线索，即从感性的到审美的再到理性的，其间存在着两种具有确定指向的过渡。

首先是自然状态向审美状态的过渡，这代表着人性的生成，其标志就在于对外观的喜爱、对装饰和游戏的爱好。可以说，自然状态中的人还不能算是真正的人，因为这个时候人性还没有生成，人和动物还没有本质的区别。那么，“是什么现象宣告野蛮人进入人性的呢？不论我们对历史探究到多么遥远，在摆脱了动物状态奴役生活的一切民族中，这

① 《席勒散文选》，张玉能译，百花文艺出版社 1997 年版，第 250 页。
② 同上。
③ 同上书，第 244 页。

种现象都是一样的：对外观的喜爱，对装饰和游戏的爱好”[①]。

外观竟有如此大的效力？因为在席勒看来，对外观的喜爱标志着人能够超越实际的功利性，寻求更具精神性的满足和愉悦，这恰恰代表着人性的生成。换句话说，人性也就在于人能够超越动物性的感官刺激和欲望的直接满足。但需要注意的是，这并不意味着人能够脱离动物性的感官，而是在感官之中体现出理性的内涵。这一理性内涵就体现在对外观、装饰，或者说形式的关注之中。

事实上，康德《判断力批判》中已经体现出对美的形式性的关注，但席勒在这里将其纳入了人性发展的历史框架之中进行考察，即文化的发展。

“文化的最重要的任务就在于，使人就是在他纯粹的自然生命中也一定受形式的支配，使人在美的王国能够达到的范围内成为审美的人，因为道德状态只能从审美状态中发展而来，却不能从自然状态中发展而来。”[②] 人在任何时候都不能脱离自然的生命，但却可以改变自然生命对于他的意义，在自然生命中体现出审美的或理性的内涵。同时，这里实际上也体现出席勒的文化历史观，即文化的演进体现为从自然的人到审美的人再到道德的人的历史发展。这是一个必然的和合目的的过程，审美就处在这一演进中的枢纽性位置。

因而接下来就是审美状态向道德状态的过渡。这需要借助于观赏或者反思，即自由。

在康德美学中“美是道德的象征”。席勒美学同样强调了美与道德之间的关联，或者说，道德或者自由成为审美的历史性指向。由此席勒提出了三个王国：力量的王国、游戏和外观的王国、法则的王国。正如他所说，“在力量的可怕王国的中间以及在法则的神圣王国的中间，审美的创造冲动不知不觉地建立起第三个王国，即游戏和外观的快乐的王国。在这个王国里，审美的创造冲动给人卸去了一切关系的枷锁，使人

① 《席勒散文选》，张玉能译，百花文艺出版社 1997 年版，第 263 页。
② 同上书，第 246 页。

摆脱了一切称为强制的东西，不论这些强制是身体的，还是道德的”[①]。对于席勒来说，或许审美才是真正属于人的。“力量的可怕王国”有着过多的动物性的驱动，“法则的神圣王国”包含着法则的神圣，而只有“审美的王国”才融合二者，给人提供了人性的完满状态，体现出人之为人的存在。

三个阶段、三种状态、三个王国，实际上言说的都是人性的历史发展，或者说，人性的生成。而且在席勒看来，个体的发展与整个人类的发展都需要经历相似的阶段。因此，历史不仅仅是宏观的、总体性的，同时也是微观的、个体性的。这也构成了席勒审视人性的独特视角。

更具体一点来看，这种历史性的分析方法不仅仅体现在对人性的审视之中，也体现在对具体概念的把握之中。如席勒对于“游戏”概念的分析，即从自然的严肃到自然的游戏，再到幻象的游戏，最后到审美的游戏，即完整的人性。[②] 这实际上提示我们注意这一分析方法的方法论意义。

从总体上来看，将历史性的维度纳入人性的考察之中，具有重要的理论意义。人性不再是既成的状态，而是需要去培育和争取的。它在某种程度上改变了启蒙时代“天赋人权”的观念。在后来的黑格尔、马克思那里，这种历史性所蕴含的理论潜力获得了更为充分的发挥。20世纪，“历史”在詹姆逊那里更被视为一切解释的终极视域，“永远历史化”[③] 作为一个理论命题甚至成为讨论任何问题的前提和基础。这些无疑都彰显出历史意识所蕴含的方法论意义。

四 席勒人性分析的理论意义

综上，席勒在《书简》中建构起了一个完整的人性分析模型，即通过现实分析、先验分析和历史分析，展示出人性本身的多面性和复杂

---

① 《席勒散文选》，张玉能译，百花文艺出版社 1997 年版，第 276 页。

② 同上书，第 272 页。

③ ［美］詹姆逊：《政治无意识》，王逢振、陈永国译，中国社会科学出版社 1999 年版，第 9 页。

性。其中，现实分析构成了分析的起点，先验分析展示出人性应有的状态和内在构成，历史分析则呈现出人性发展的未来走向，由此体现出席勒对人性的系统性理解和把握。这一理论模型的建构，既是对启蒙思想的继承，同时对西方美学后来的发展也具有重要的理论意义。

首先，席勒的人性分析模型实际上融汇了西方近代以来关于人的基本认识，体现出对于人性的完整把握。事实上，三种分析方法在席勒之前都已出现，如卢梭、伏尔泰、孟德斯鸠对时代和现实问题的关注，经验主义、理性主义关于人性的思考，维柯以来对人类历史的把握等，均给席勒提供了重要的思想资源。席勒正是将这些不同认识融入自己的理论分析之中，并给予有效综合，形成了关于人的相对完整的认识。在这一点上，这一分析模型具有其创新意义。

从总体上来看，席勒的这一分析模型仍然属于启蒙时代，贯穿着理性主义的思路。但重要的还在于，这一分析模型具有更为普遍的方法论意义。三种分析方法展示出人性的三个侧面，也勾画出了人的整体性存在。在《书简》中席勒对人性当然有其个人的理解，但从更广泛的意义上来看，即使对现实有不同的判断，对先验有不同的考量，对历史有不同的阐释，这一分析模型仍不失其有效性，仍然能够呈现出人性的多面性、复杂性和整体性。这无疑也显示出这一分析方法的理论潜力。

其次还应看到，这一分析模型也存在着某些内在的问题。具体来说，就是这一模型中三种分析方法如何能够有效融汇，构成一个完整的整体。在《书简》中，这一问题事实上并未得到有效解决。尤其是历史分析部分，席勒并未详细展开（这一部分内容也是以往学界研究相对薄弱的部分），因而与现实分析与人性分析相比在理论上显得不够充分。这一问题后来在黑格尔那里得到了较好的解决，即逻辑与历史相统一的思想方法。例如，在这一思想方法的指引下，黑格尔“艺术终结论”的理论命题既是对当时艺术发展状况的现实判断，也是建基于艺术史的历史判断，更是着眼于绝对精神发展的先验分析，从而体现出三种分析方法的有效融合。从这一点来看，席勒的思想具有某些过渡性的特征。

另外，在一些具体问题上，这一分析模型也存在某些不清晰的地方。

席勒并没有有效解决人性与时代的关系问题。一方面，他认为时代的问题导致了人性的分裂。人性的分裂也是时代发展的必经途径。这时，时代显然占据了主导地位。另一方面，人性的变化又可以解决时代的问题（由此才有审美教育的必要性）。这时，人性或者审美显然具有重要地位。如果说，时代的分裂源自于人性本身的分裂，那么，人性的分裂又来自于哪里？人性中包含着游戏冲动作为自我调节机制，那么其丧失作用又源于哪里？人性中为什么会出现问题？如果说人性问题是源自于时代问题，那么，这里就存在着某种循环论证。事实上，席勒恰恰是用时代来解释人性的片面发展，这在理论上的确存在着某种内在困难。

之前我们提到了关于审美作为“中间状态”的思想，进一步的问题是，这种“中间状态”究竟意味着什么？如果中间状态是两种力量同时活动的统一状态，那么，这种中间状态就是理想的；如果中间状态是“过渡”过程中的“中间”，那么，中间状态就是未完成性。这里似乎存在着某种悖论。这一问题在以往关于《书简》的研究中也多有涉及。[①] 席勒对此实际上语焉不详，正如在《书简》第十五封信中所说，“我们能够指明在其结合中产生美的那些要素，但是由此还没有说明美的形成过程，因为要说明美的形成过程，就需要理解那种结合本身，而这种统一……是我们永远无法探明究竟的”[②]。中间状态作为这种统一，对席勒始终是一个未能解决的理论问题。

最后需要指出的是，在一篇关于美的著作中将这三种分析方法统一起来，颇具意味。这实际上已经预设了美与人性的内在关联。因此，人性的不同指向也包含着美的现实性、先验性和历史性。不仅如此，美还

---

① 这方面的研究可参见彭富春《康德、席勒、马克思的审美哲学》（《文艺研究》1989年第1期），高建平《席勒的审美乌托邦及其现代批判》［《陕西师范大学学报》（哲学社会科学版）2006年第6期］等。

② 《席勒散文选》，张玉能译，百花文艺出版社1997年版，第211页。

成为弥合人性，解决人性的现实分裂、历史演进和先验完整性的核心和基本方法。实际上，美在关于人性的三种分析方法之间的确起着枢纽性的作用。在《书简》中，美是人性历史发展的必然结果，也是完善人性的内在要求，更是解决现代人性分裂的有效途径。因此，在美之中就融汇了人性的历史性、先验性和当下性，美就构成了包括人的历史、当下和未来在内的完整人性。毫无疑问，美不仅仅是人性的应然状态，更是人性的当下需求和历史指向。这样来看，人性与美就是一而二、二而一的，美就代表了人性的实现，就体现在人的完整存在之中。由此，审美就成为一种高级的人生境界或理想的人生状态，体现出实践存在论的美学内涵。

第六章　实践存在论美学与中国古典美学的对话

实践存在论美学是中国当代美学发展的重要成果，一方面立足于整个西方思想传统，同时又体现出中国美学独有的理论特质。从思想来源来看，实践存在论美学固然源于对西方美学思想，尤其是马克思美学思想的研究和思考，但其中的许多重要概念和命题，如“人生在世”“美是一种高级的人生境界”等，都体现出与中国古典美学的深刻渊源。因此，实践存在论美学实际上给我们提供了一个独特的视角和理论范例，可以由此审视西方美学传统和中国古典美学思想的相互关系，在中西对话之间体现出思想创新的精神追求。在这一意义上，实践存在论美学实际上就成为中西美学和文化思想沟通和交流的积极成果。本章将从实践存在论美学的思想出发，对中国古典美学中的两个问题展开研究，以期形成中西美学的有效对话。

第一节　境界的现象学阐释与实践存在论美学

作为对传统实践美学的推进与发展，实践存在论美学在国内引起了广泛关注，并推出了一批重要的理论成果[①]，在学界产生了重要影响。

---

① 除相关论文外，还包括《美学》（修订版）（高等教育出版社 2006 年版）、《西方美学范畴史》（山西教育出版社 2006 年版）、“实践存在论美学丛书”（苏州大学出版社 2008 年版）等。

在对审美活动的界说中，实践存在论美学以“境界”概念来思考审美，提出了“审美是一种高级的人生境界”的理论命题，把人生境界的创造与提升作为审美活动的最终指向，体现出力图会通中西方美学思想的理论尝试，具有十分重要的理论意义。

境界是中国古典美学中一个重要概念，但对境界的阐释历来多有争论，各家理解并不相同。在某种意义上，对境界的不同理解在某种程度上反映出对整个中国古典美学的不同理解和阐释路向。因此，对境界概念的辨析实际上也反映出对中国古典美学的整体理解和把握。本节尝试从实践存在论的美学思路出发，辨析“境界”概念在中国古典美学中的内涵，通过对境界的阐释揭示这一概念的多重内涵和意义。在此基础上进一步思考实践存在论美学境界论对中国古典美学境界概念的继承与深化，以凸显出实践存在论美学在美学研究方法上的突破与创新。

一 “境界”概念的基本内涵

境界是中国古典美学中一个重要概念。关于境界概念在中国美学史上的详细梳理，以往的中国美学研究已多有论及，这里毋庸赘述。我们拟从存在论的视角进行尝试性地思考，力图探查出这一概念的源初基础。或许，境界概念之后的种种复杂流变均奠基于这一基础之上，并在其中获得自身存在的意义。

首先，从“竟”（“境”）、“界”到“境界”。

“境”，本字为“竟”，按许慎在《说文解字》中的解释，“乐曲尽为竟”①。作为一种时间艺术，乐曲总是在时间之中展开、呈现和完成。因此，“竟”首先包含着一种内在的时间性。按许慎的解释，“竟”意味着时间过程的终止（“乐曲尽”）。然而在中国艺术中，“乐曲尽”从来就不仅仅是一个完成、终止，同时还是一个发生与展开。“曲终人不见，江上数峰青”，乐曲的终了总是一个更大的无限空间的展开。因此，“竟”又不是一个终止、结束，而是对一个过程的言说，指向的是

① （清）段玉裁：《说文解字注》，上海古籍出版社 1988 年版，第 102 页。

时间的绵延与展开（“余音绕梁，三日不绝”）。

“界”，许慎的解释是，“界，竟也”。段玉裁对此的注解是，“乐曲尽为竟，引申为凡边竟之称。界之言介也，介者画也。画者，介也。象田四界”[①]。“象田四界”既表示着对空间的限定，同时也意味着空间的绵延、延展。可以看到，段玉裁的解释中既注意到了“界”与“竟”的相通，又进一步从“竟”的时间内涵过渡到了“界”的空间内涵，突出了“界”之中所包含的空间隐喻（不同于“竟”中的时间隐喻）。

因此，“竟”与“界”二者之中存在着内在的共通性，既隐喻着绝对的终止、界限，也隐喻着绵延和展开。或许由此才会有许慎“界，竟也”的断语。但我们同样不能忽视段注中所凸显的“竟”与“界”二者内涵上的差异。也许通过“界，竟也”这种判断形式，许慎并不是要言说二者的同一，而是二者的统一；不是二者的相同，而是二者的相通。由“竟”到“界”，由时间到空间，这一延展在段注中归为所谓“引申为”。“引申为”，“由此及彼”，既不是相同，也不是相异，而是连续着的断裂，同一着的差异。因此，在这一似乎平淡无奇的“引申为”的表述中，就隐藏着“竟”与“界”二者的复杂关系。

可以看到，《说文解字》中已经以“竟”来解“界”，段玉裁对此的解说也进一步突出了二者之间的复杂联系。因此，“境界”一词的形成绝非偶然，而是植根于“竟”与“界”二者内在的共通，“竟”“界”的内涵也以独特的方式渗入了“境界”这一表述之中。虽然“境界”一词出现稍晚[②]，但在二者的字源中已经透露出这一连接的可能性与必然性。

如上所述，“竟”与“界”二者之中都隐含着“界限”的意味。但是，当我们谈到界限时，实际上已经触及到了界限的两边，实际上已经

① （清）段玉裁：《说文解字注》，上海古籍出版社1988年版，第696页。

② “境界”连用，较早出现于在汉代，可见于《后汉书·仲长统传》：“当更制其境界，使远者不过二百里。”班昭《东征赋》中也有“至长垣之境界，察农野之居民”的句子；郑玄对《诗经·大雅·江汉》中“于疆于理”的笺注中也说，“召公于有叛戾之国，则往正其境界，修其分理。”

超越了界限。因此“界限”本身总已经包含了对自身的超越。因此，“终止”与“绵延”“界限”与“展开”由此就在“竟”与“界”中获得了统一性和共通性。而“境界”，当这两个字并置在一起时，就意味着双重的限定、双重的超越。它既生成于特定的时空之中，又超越了特定时空的限制。在中国诗学传统中，词语、物象的并置从来就不是简单的叠合或相加，而是一种独特“境界”的生成（“鸡声茅店月，人迹板桥霜”）。正如叶维廉所说，“中国古典诗里，利用未定位、未定关系、或关系模棱的词法语法，使读者获致一种自由观、感、解读的空间，在物象与物象之间作若即若离的指义活动”①。可以说，中国古诗中物象的并置恰恰创造出了一个独特的“境界”。因此，我们需要把“境界”这一词语看作是一种诗意的言说：在“境界”中生成了某种东西，某种不同于“境”与“界”的东西。这样看来，境界与审美的联系绝非偶然，无论是以“诗”喻“境界”、还是以“境界”言“诗”都体现出来自“事情本身”的源初关联。

境界构成了一个独特的时空。在其中，境与界、时间与空间相互融通、对话，因此境界的时空不是一个封闭的时空，而是开放的、发散的，它超越任何具体的时空限制，显现出绵延不绝、含蓄不尽的特质。

另一方面值得注意的是，“境界”这一概念起初是佛教用语，这赋予“境界”以某些特殊的内涵。在佛教中，“境界”一般意指佛教徒在修行、认识上达到的某种境地，如《无量寿经》说：“斯义弘深。非我境界”；或是指“十八界”中的“六境”（即“六尘”），是“六根”的对象，即由眼、耳、鼻、舌、身、意六根所具备的六识之功能而感知的色、声、香、味、触、法等六种感受。②

在佛教中，“六尘”属于“俗谛”“无明”，因此，从“六尘”的角度理解境界，意味着境界源于心中所起的妄念，是虚妄不实的。如《华严经·梵行品》中：“了知境界，如幻如梦。”《大乘起信论》中也

① 叶维廉：《中国诗学》，生活·读书·新知三联书店1992年版，第18页。

② 任继愈主编：《佛教大辞典》，江苏古籍出版社2002年版，第1284页。

说："所谓一切境界，唯心妄起故有，若心离于妄动，则一切境界灭"，"以一切法，本来唯心，实无于念，而有妄心，不觉起念，见诸境界，故说无明"，"是故三界虚伪，唯心所作，离心则无六尘境界"，等等。但是，如果仅仅这样来理解境界，就显得过于偏狭。在佛教中，境界的另一方面的涵义即是指修行所达到的境地，其中当然也包括了成佛的最高境地，即所谓"真谛"。因此，境界同时也具有了"真实"的内涵，意指对于宇宙人心的彻底了悟。这种意义上的境界往往用"如来境界"来表述，如《大乘起信论》中说，"于如来境界，信得增长"，"若有众生，欲于如来，甚深境界，得生正信，远离诽谤，入大乘道，当持此论"。在《华严经》中，既有"诸佛境界""如来境界""真实境界"的表述，也有"世间境界""众生境界"等表述。如"一切文字语言法，智皆善入不分别，住于真实境界中，此见性者所行道"，"菩萨摩诃萨到善巧方便究竟彼岸，心恒顾复一切众生，不厌世俗凡愚境界"，等等。又如，"譬如真如，离境界相而为境界"，"若见众生染著境界，我为说法，令其得入如来境界"，就明确指出了境界概念内涵上的差异。

因此，佛教中的境界略有两种涵义：一是指六根、六识所对应的色声香味触法六种境界，这时，境界是由心所妄起，是虚幻不实的；二是指成佛的境地，尤其是指如来的真如状态。这时境界就是学佛最高的成就。当然，也可以一般地说境界是指在修习过程中所达到的成就或品第。

这样，在佛教中，境界自身就包含着虚妄与真实两种涵义，而从虚妄走向真实的途径则是修行、实践。修行不仅仅是外在的行为，更重要的在于所谓"悟"，即内心的变化，即《华严经》所谓"出魔境界，入佛境界"。

上面我们指出，在中国传统思想中，境界包含着界限与超越两种涵义，而这一点与佛教思想相结合，就使得这种界限与超越同时具有了虚妄与真实、世间与出世间的复杂内涵。因此，局限的境界往往是虚妄的，执着于现象的，未能了悟人生的真谛。当然，这种局限并不在于其所展现的空间或时间，而在于其中所展现的气度与胸怀，在于佛教所谓“一心”。因此，成佛的境界就在于《华严经》所说“于去、来、今，心常清净，令诸众生不著境界”，“为利益故，不生劳倦，唯专度脱一切众生，未曾耽染五欲境界”。

叶嘉莹在谈到“境界”时认为，“境界”“意谓‘自家势力所及之境土’。不过此处所谓之‘势力’，并不指世俗上用以取得权柄或攻土掠地的‘势力’，而乃是指吾人各种感受的‘势力’”。因此，“唯有由眼、耳、鼻、舌、身、意六根所具备的六识之功能而感知的色、声、香、味、触、法等六种感受，才能被称为境界。由此可知，所谓境界，实在乃是专以感觉经验之特质为主的。换句话说，境界之产生，全赖吾人感受之作用；境界之存在，全在吾人感受之所及”。[①] 很明显，叶嘉莹从“六尘”的角度理解境界，并从其佛教内涵引申到了其对于中国诗学的影响，这对于准确把握境界的内涵具有重要意义。

二　王国维“境界”思想的存在论意味

以上我们探讨了“境界”概念的基本内涵，这些内涵对于中国传统诗学产生了重要影响，构成了中国艺术精神的基本指向。明清以降，这一概念开始广泛运用于各种诗论、画论、文论之中。如袁枚《随园诗话》中“诗人之诗，可以养心。自格律严而境界狭矣”[②]，王世贞《艺苑卮言》“诗旨有极含蓄者、隐恻者、紧切者，法有极婉曲者、清畅者、峻洁者、奇诡者、玄妙者。骚赋古选乐府歌行，千变万化，不能出此境界”[③]，叶燮《原诗内篇》分析“晨钟云外湿”时说“不知其于隔云见钟，声中闻湿，妙悟天开，从至理实事中领悟，乃得此境界也”[④]，恽寿平《南田画跋》中“方壶泼墨，全不求似，自谓独参造化

① 叶嘉莹：《对〈人间词话〉中境界一辞之义界的探讨》，载姚柯夫编《〈人间词话〉及评论汇编》，书目文献出版社 1983 年版，第 153—154 页。

② （清）袁枚：《随园诗话》（上），人民文学出版社 1982 年版，第 555 页。

③ 丁福保辑：《历代诗话续编》（中），中华书局 2006 年版，第 972 页。

④ 郭绍虞主编：《中国历代文论选》（第三册），上海古籍出版社 1980 年版，第 353 页。

之权，使真宰欲泣也。宇宙之内，岂可无此种境界”[①]，等等。尽管“境界”这一概念并不始于王国维，但作为中国古典美学境界理论的集大成者，王国维对境界的阐释显然值得注意。正是通过王国维的系统阐发，“境界”才开始真正成为一个美学概念，具有了相对确定的意蕴和内涵。由于处在中国向近代转型的特殊时期，王国维对境界的阐释一方面立足于中国固有的诗学传统，另一方面则吸收、借鉴了现代西方的思想资源，这赋予了境界概念以某些新的内涵。

境界概念并非王国维首创，在《人间词话》中，王国维用了一个很有意味的词“拈出”，也就是说，这一概念是取自中国传统诗学，但一经“拈出”，置身于不同的语境、不同的思想背景之中，境界也就具有了不同的内涵。因此，这一具有标志性意义的“拈出”对于“境界”概念的发展就显现出重要意义。

首先，境界概念中本就蕴含着真谛、真如的内涵，指称着宇宙人生的最真实的存在。在此基础上，王国维将境界“拈出”作为审美的本体性概念或审美得以可能的根据。因此，境界由此成为艺术评判的重要标准，所谓“词以境界为最上”[②]，这里，王国维第一次明确地把境界提到了艺术本体的高度，并试图以此为核心，建构起自己的艺术理论体系。对此王氏颇为自信。在《人间词话》第九则，王国维在引述了《沧浪诗话》中“盛唐诸公唯在兴趣，羚羊挂角，无迹可求。故其妙处，透澈玲珑，不可凑拍，如空中之音，相中之色，水中之影，镜中之象，言有尽而意无穷”一段后，评述道：“然沧浪所谓兴趣，阮亭所谓神韵，犹不过道其面目，不若鄙人拈出‘境界’二字为探其本也。”[③]

关于“有境界”，王氏的理解是，“境非独谓景物也，喜怒哀乐亦人心中之一境界。故能写真景物真感情者，谓之有境界。否则谓之无境

① 于安澜编：《画论丛刊》（上），人民美术出版社1989年版，第184页。

② 王国维：《人间词话》，四川人民出版社1981年版，第1页。

③ 同上书，第10页。

界”[1]。而“有境界，则自成高格，自有名句”[2]。可以看到，王国维这里所理解的境界至少包含两方面的含义：在境界的范围上，既包括自然景物，也包括人的感情；在境界的性质上，强调所谓“真”。境界应当是对于自然景物及人的内心感情的真实呈现。而且，境界本身就涵盖了所谓“高格”和“名句”，可以看作是艺术所创造出的整体性的审美“境域”。

因此，作为整体性的审美“境域”，境界就涵盖了艺术的各个要素。无论是其中的情感、自然景物还是表达方式，都应当体现出所谓的“真”，这样的作品就是所谓“大家之作”，王国维对此有明确阐释：“大家之作，其言情也，必沁人心脾，其写景也，必豁人耳目，其词脱口而出，无一矫揉妆束之态。以其所见者真，所知者深也。诗词皆然。持此以衡古今之作者，可无大误矣。”[3]“真”构成了艺术评价的重要标准。这里的真是和事物的具体存在紧密结合的，是真实存在的艺术呈现。“所见者真，所知者深”即是能够深入事物的存在本身并对之有深刻体认，这时，无论是言情、写景或是词语表达，就都能呈现出真实情状。正是由此，王国维才高度赞赏周邦彦《苏幕遮》中“叶上初阳干宿雨。水面清圆，一一风荷举”，称之为“此真能得荷之神理者”。[4]这里的真实不是指外在形相的真实，而是体现出自然的真实存在情状。王国维所说的“隔”与“不隔”，其差别亦在此。

前面提到，境界概念中本身就包含着界限与超越界限的双重含义，这种含义在《人间词话》中往往体现为对一系列看似对立的范畴的超越与融汇。

著名的关于“有我之境”与“无我之境”的区分，实际上是两种“观物”方式的差异，但这两种观物方式并不是互相排斥、决然对立的，恰恰相反，二者必须相互补充。二者的区分实际上并不在于我的有

① 王国维：《人间词话》，四川人民出版社 1981 年版，第 7 页。
② 同上书，第 1 页。
③ 同上书，第 72 页。
④ 同上书，第 44 页。

无，而在于物我之间的关系。而这一关系之中总是包含着物与我的存在的。

在对境界的创造上，关于“造境”和“写境”的区分，王国维自己也认为“二者颇难分别，因大诗人所造之境必合乎自然，所写之境亦必邻于理想故也”①。这实际上强调了理想与自然在艺术中的统一。因此，所谓“造境”和“写境”也就不是决然对立的，二者共同存在于境界之中。

由此诗人的态度也体现出这种复杂性。“诗人对宇宙人生，须入乎其内，又须出乎其外。入乎其内，故能写之；出乎其外，故能观之。入乎其内，故有生气；出乎其外，故有高致。”② “入乎其内”“出乎其外”，即是打破内外的分别，创造出自由的审美境界。

这样，艺术所带来的审美效果就不能局限在某一个狭小的空间里，而必须打破既定的界限，追求某种“言外之意”，这实际上构成了艺术评价的一个重要标准。因此，王国维认为姜夔格调固高，“惜不于意境上用力，故觉无言外之味，弦外之响，终不能与于第一流之作者也”③。这种对所谓“言外之味，弦外之响”的追求，构成了中国传统美学的一个重要特征，也体现在王国维对境界的界说之中。

更进一步来看，境界不仅仅体现为超越艺术活动内各个要素之间的界限，不仅仅体现在艺术审美效果的含蓄不尽、韵味无穷，在最高的层次上，它体现为超越艺术与生活的界限。在那段“古今之成大事业大学问者，必经过三种之境界”的名言中，王氏所言说的境界就不仅仅局限于艺术活动领域，而同时具有了丰厚的人生况味。值得注意的是，王氏最后强调，“此等语皆非大词人不能道”④。也就是说，只有对于艺术和审美有了深刻感悟和理解，才能体察到这三种人生境界。显然，这里透露出王国维关于人生与审美、境界与诗意共通的美学倾向。

---

① 王国维：《人间词话》，四川人民出版社 1981 年版，第 3 页。

② 同上书，第 75 页。

③ 同上书，第 55 页。

④ 同上书，第 31 页。

为什么王国维认为自己的这种理解“恐晏、欧诸公所不许也”①呢？因为这种理解已不局限于一字一句，也不局限于诗词本身之中。它超越了诗学领域，以人生作为理解的依据，从而体现出更为广阔的阐释背景。对此李泽厚有明确认识，认为境界“是通过情景问题，强调了对象化、客观化的艺术本体世界中所透露出来的人生，亦即人生境界的展示”。“所以，‘境界’本来自对人生的情感感受，而后才化为艺术的本体。这本体正是人生境界和心理情感的对应物。”② 境界概念融汇了中国传统文化中的人生论指向，建立起艺术与人生的内在关联，把人生的含义纳入了作为美学概念的境界之中，从人生的角度理解审美，从审美的角度观照人生，极大地拓展了境界概念的内涵。

还应看到，王国维的“境界”思想与现代西方哲学思想，尤其是叔本华和尼采哲学具有内在关联。可以说，正是有了叔本华哲学的思想背景，王国维才能“拈出”“境界”一词，并赋予它崭新的内涵。而叔本华和尼采思想中对人生的关注与思考也融入到了王国维的境界概念之中。王国维的“有我之境”与“无我之境”“赤子之心”等概念均有叔本华哲学的思想背景③，在《人间词话》第十八则中则直接引到了尼采。叔本华、尼采的哲学不仅影响到了王国维的一些具体概念，更重要的在于，它内在地规定并制约着王国维的整个思想气质，从而也内在地影响了王国维的诗学精神及审美指向。这使得王国维的诗学不再是传统中国诗学，而具有了鲜明的现代特色，体现出中西、古今的奇特交融。

根据王国维的论述，结合我们上面对境界一词审美内涵的考察，可以看到，境界至少具有如下几个方面的内涵：首先，境界并不是一个确定的对象，它并不局限于自然景物或人内心的感情，而是一种超越了二者的存在境域。在这一境域中，体现出本体性的真实，它构成了审美的本源。其次，“境界”同时具有构成界限和超出界限的双重内涵，因

① 王国维：《人间词话》，四川人民出版社 1981 年版，第 31 页。

② 李泽厚：《李泽厚十年集》（第一卷），安徽文艺出版社 1994 年版，第 402 页。

③ 可参见周锡山编校《〈人间词话〉汇编汇校汇评》，万卷出版公司 2009 年版，第 33、80 页。

此，这一境域又不断地超出自身，指向某种不确定的审美意蕴，体现出含蓄不尽的审美特性。第三，境界不仅仅局限于艺术领域，还体现出人生与审美的共通。

简而言之，境界不是一个确定的对象，而是审美呈现自身的一种方式，这种方式又充满着、弥散着人生的丰富感受，由此境界就有了人生在世的存在论意味。这一内涵在中国文化的早期就已显现，并穿越了漫长的历史，最终凝结成了作为诗学概念的“境界”。在这一概念中，体现出中国诗学的精神诉求。

三　“境界”的三重内涵

以上我们分析了“境界”概念的基本内涵及王国维境界思想的存在论意味，那么，这一概念对于中国古典美学究竟具有怎样的意义呢？在今天，当我们重新思考这一美学概念时，它对于我们有什么意义呢？它会对我们言说一些什么呢？

上面的讨论已经揭示出“境界”概念内涵上的复杂性，这一概念跨越了不同的思想领域，很显然，我们必须避免任何简单化的处理方式。这里，我们尝试从三个方面展开思考，分别将境界作为诗学概念、文化概念和思想史概念，力图较为全面地呈现出境界的多方面思想内涵。

首先，是作为诗学概念的境界。这时境界的内涵基本等同于意境，指称的是艺术活动中所创造出来的独特的审美境域，艺术由此就体现出情景交融、含蓄不尽的审美特征。关于意境，之前的研究已十分细致，这里我们不拟全面展开。总的来看，情景关系始终是境界论的一个重要论题，王国维就把景与情作为文学的“二元质”。情景二者在具体的审美活动中是什么关系，它们如何构成了完整的审美活动和艺术意境，是中国古典美学一再思考的问题。南宋范晞文在《对床夜语》中明确提出，“化景物为情思，从首至尾，自然如行云流水，此其难也”①。需要

① 丁福保辑：《历代诗话续编》（中），中华书局2006年版，第421页。

注意“化景物为情思”这一表述。“化”意味着景物与情思固然不同，但又有着内在的同一性。或者说，在意境中，归根到底，二者是同一的。同时，“化”还意味着从景物到情思不是生硬的转变，而是自然而然的“行云流水”般的转化过程。景物不是被否定了，消失了，而是呈现为新的存在方式。在这个过程中，我们实际上无法把景与情完全分开，正如王夫之所说，“情景名为二，而实不可离。神于诗者，妙合无垠”①。

因此，在情景关系上，境界强调的是二者的相互融通、“妙合无垠”。当然，如此所生成的境界就既具有鲜明的形象感，又体现出含蓄不尽的审美况味。所谓“状难写之景，如在目前，含不尽之意，见于言外”②。这就是作为审美境界的特质的所谓“虚实相生”。

“虚实相生”，意味着虚与实并非截然对立，而是相互补充、相互作用、相互生成。虚并非是空无，实也并非是坚实，虚中总有实的呈现，实中也总有虚的意味。因此，“化实景而为虚境，创形象以为象征，使人类最高的心灵具体化、肉身化，这就是‘艺术境界’”③。

情景关系、虚实相生其实都从不同侧面体现出境界的诗学特质。

其次，作为文化概念的境界。作为中国传统诗学的一个基本概念，境界展示出中国文化独有的艺术精神和审美精神，显现出中国文化的独特魅力。从深层意义上来说，境界的文化内涵显现出中国人的独特的生存方式和情感体验方式。

中国传统的宇宙观认为整个宇宙是不断变化、循环往复的，艺术正是植根于这样的宇宙意识之中。上面所分析的虚实问题实际上就体现出这种独特的宇宙意识。宗白华指出，“中国人的最根本的宇宙观是《周易传》上所说的‘一阴一阳之谓道’。我们画面的空间感也凭借一虚一

① 郭绍虞主编:《中国历代文论选》(第三册)，上海古籍出版社1980年版，第301页。

② 郭绍虞主编:《中国历代文论选》(第二册)，上海古籍出版社1979年版，第244页。

③ 宗白华:《中国艺术意境之诞生》，载《艺境》，安徽教育出版社2006年版，第3页。

实、一明一暗的流动节奏表达出来”①。中国艺术会以自己的方式表现出中国传统的宇宙观，这种宇宙观就体现在阴阳二气的运动之中，即“中国画所表现的境界特征，可以说是根基于中国民族的基本哲学，即《易经》的宇宙观：阴阳二气化生万物，万物皆禀天地之气以生，一切物体可以说是一种‘气积’。这生生不已的阴阳二气织成一种有节奏的生命”②。

钟嵘在《诗品·序》中也明确指出，“气之动物，物之感人，故摇荡性情，形诸舞咏”。正是气的运行产生了艺术，具体来说，“若夫春风春鸟，秋月秋蝉，夏云暑雨，冬月祁寒，斯四候之感诸诗者也”③。诗从根本上就植根于宇宙四时的变化，诗中所呈现的境界当然也就与宇宙四时一样，是生生不息的。因此，诗或艺术的产生绝不是源于某种瞬间的灵机一动，或偶然的突发奇想，而是源于天地、宇宙本身的运作。

作为文化概念的境界的另一层含义在于其人生指向，显现出中国人的独特的生存方式和情感体验方式。

在中国传统儒家思想中，人的生存从来就不是孤立的存在，而是境界性的生存。《论语》中，孔子对弟子提出的各种问题，从来不作抽象的、脱离具体语境的回答，而始终都是在一种社会文化生存境域中进行思考和解答的。对孔子来说，“人”不是一个现成的、既定的状态，而是需要不断努力去获取、确立和创造的，即所谓“成人”，而“成人”总是依赖于特定的社会文化生存语境。如《论语》中“子贡问曰：‘乡人皆好之，何如?’子曰：‘未可也。’‘乡人皆恶之，何如?’子曰：‘未可也。不如乡人之善者好之，其不善者恶之。’”④ 这里，对一个人的评价并不是从自身出发，而需要参照社会生活中人们的不同反应。又

① 宗白华：《中国诗画中所表现的空间意识》，《艺境》，安徽教育出版社 2006 年版，第 49 页。

② 宗白华：《论中西画法的渊源与基础》，《艺境》，安徽教育出版社 2006 年版，第 30 页。

③ 何文焕辑：《历代诗话》（上），中华书局 2004 年版，第 2、3 页。

④ 《论语·子路》。

如，“子路问君子，子曰：‘修己以敬。’曰：‘如斯而已乎？’曰：‘修己以安人。’曰：‘如斯而已乎？’曰：‘修己以安百姓。修己以安百姓，尧、舜其犹病诸！’”（《论语·宪问》）君子不仅仅意味着良好的自我修养（“修己”），还包含着特定的社会责任（“安人”“安百姓”）。而且，正是在对社会境域的自觉投入与付出中，才体现出值得追求的生存境界（“君子”）。因此，对孔子来说，释“人”总需要他者的参与，而且“成人”也可以被描述为一种人际沟通和交往的过程，这一过程会体现出“礼”“义”“仁”三者之间的动态关系，该关系将文化环境设定为成人过程的基体。[①] 因此“成人”的过程就是人的生存境界不断完善和提升的过程。而在王国维关于人生三境界的描述中，也可以清晰地看到从人的生存来理解境界的思想路向。

在中国美学中，当人的境界化的生存达到了一种较高层次的时候，就会体现出审美特性。这种较高层次的生存意味着人能摆脱物质生存的囿限，自觉追求某种超越性的生存意义。在中国古典美学中，审美境界是人生的最高境界。[②]《论语》中对于“曾点气象”的记载，《庄子·逍遥游》中对于“藐故射神人”的描述，既是人生境界的呈现，又无不体现出审美的内蕴。因此，徐复观通过对儒道两家思想的考察，认为尽管在对人生境界的理解上存在差异，但两家思想都体现出对人生境界的追求。因此，“为人生而艺术，才是中国艺术的正统”[③]。

“天行健，君子以自强不息”，中国文化中这种生生不息的内蕴构成了中国式人生境界的基本指向。它意味着对于人生的高度肯定与尊重，对于奋发向上的精神状态的赞许与发扬，体现出强烈的现世情怀。这种致力于不断拓展与提升的境界追求也成为中国古典美学境界思想的基本指向。这时，境界不再是对某种个人人格或生活理想的描述（如宗白华对于晋人的美的描述），不再是对某种审美趣味或审美品格的描

---

① 郝大维、安乐哲：《通过孔子而思》，北京大学出版社 2005 年版，第 99、88 页。

② 李泽厚、刘纲纪：《中国美学史》（先秦两汉编），安徽文艺出版社 1999 年版，第 31 页；李泽厚《中国思想史论》（上），安徽文艺出版社 1999 年版，第 314 页。

③ 徐复观：《中国艺术精神》，华东师范大学出版社 2001 年版，第 82 页。

述（如传统文论、画论中的描述），不再是某种对于人生过程的描述（如王国维的三境界说），而是构成了所有这些得以可能的基础，成为对于人的存在方式的总体言说。

最后，作为思想史概念的境界。前面我们已经指出，境界概念起初作为佛教用语，佛学思想构成了这一概念的源初底蕴；境界概念中的虚实问题，包括它对于所谓“言外之意”的追寻都体现出道家思想的影响，而其中强烈的人生指向则显现出儒家思想的精神追求，由于现代西方思想的介入，这一人生论指向又体现出现代意义。这样，从这一概念出发，我们就有可能探查其中包孕了怎样的中国思想演进的独特路径，各种不同的思想如何在境界概念中融汇、凝结，最终熔铸成这个美学概念，由此透视出思想史的不同面相。

第一，从意、象到意象，再到境、意境、境界，可以看出概念的外延在不断扩大，到境界获得了最大的包容性，成为了一个涵括了审美与人生的综合性概念。它不仅仅是对审美状态的描述，更成为对人的存在方式的言说。因而冯友兰对人生四境界的概括，张世英对境界的言说，都是着眼于境界的人生况味。[①] 因此，这一概念中既包含着中国人对于人生的独特理解（当然，对于人生理解的不同，也会导致对境界理解上的差异），也隐藏着中国人对于审美与人生共通性的感悟和思考，审美在最高层次上就与人生相关联。因而这一概念完全可以成为不同思想展开对话的枢机。

第二，作为思想史概念，境界体现着中国思想独特的时空意识。前面的分析已经指出了境界这一概念中所包含的特定的时空特性，这种时空又不是局限于一时一地的时空，而是总是超出特定具体时空的独特存在，展现出生生不息、含蓄不尽的特性。这实际上体现出中国古典美学对于世界、人生独特的理解方式：不是从某个固定的点上看待事物、把握世界，而总是着眼于事物的整体及其发展趋向，总是在一瞬间之中把

① 参见冯友兰《新原人·境界》，载《贞元六书》（下），华东师范大学出版社 1996 年版；张世英《哲学导论·论境界》，北京大学出版社 2002 年版。

握事物的过去、现在与未来，从而做出正确的判断。在《孙子兵法》中，就体现出从“未形”中把握事物的思想，“故兵无常势，水无常形，能因敌变化而取胜者，谓之神”①。而那关键的瞬间，显现出未来的枢机并需要去加以把握的点，就是所谓“几”，“几者，动之微，吉之先见者也”。因此，“知几，其神乎”?② 这时，对“几”的认识与把握就成为了关键。“几”就是那个凝结着所有的存在可能性的、时间绽出的瞬间。它不是固定在某一个特定时空位置，而是始终处于不断变化之中。

第三，境界体现出的关于真实与虚妄的看法，界限与超越的看法，都启示我们，那最真实的存在就体现在最平常的事物之中。所谓“道不远人。人之为道而远人，不可以为道”③，“天地与我并生，而万物与我为一”④，“砍柴担水，无非妙道”，因此，对境界的体认不需要超脱现实生活，实际上，只有立足于现实存在，才能把握那最高的真实。

对境界这一概念的系统阐发出现在中国传统文化面临转型的时期，这一概念中体现出中国传统文化资源与近代西方学术思想的奇特交融，这使得这一概念可能承负起中国传统的思想资源，并面临进一步创新的历史契机。通过这一概念，我们有可能探寻中国传统思想的理论生命、阐释力度，建立起古典美学思想与现代生存体验和生活世界之间的相关性。这一点不仅对于我们重新理解中国古典美学的境界思想具有重要意义，也为我们重新思考整个中国古典美学思想及其现代意义，提供了某种启示和借鉴。

四　实践存在论美学的境界思想

实践存在论美学运用包括马克思在内的西方思想资源，从现代存在

① 杨丙安校理：《十一家注孙子校理》，中华书局1999年版，第125页。
② （清）李道平：《周易集解纂疏》，中华书局1994年版，第649、648页。
③ （宋）朱熹：《四书章句集注》，中华书局1983年版，第23页。
④ 郭庆藩：《庄子集释》（上），中华书局2004年版，第79页。

论视野出发，将中国古典美学境界论思想与存在论相结合，提出了一系列富有新意的理论命题，对中国境界论美学思想进行了整体上的推进与深化，体现出极为丰富的理论内涵。

首先，实践存在论美学认为，人的生存是境界化的生存。实践存在论美学所理解的境界是指人生实践活动所达到的层次和水平，它主要标志着人在生存实践中的精神修养及思想觉悟程度，是人对宇宙和人生的自觉以及对生命意义、幸福感的感悟水平。因此，境界的高低与人的自觉有关，也就是说，它不仅取决于人的实践活动的范围，也取决于人对自己所进行的实践的自觉程度。正是在这个意义上，实践存在论美学明确指出，“人的生存是讲境界的，世界上也只有人的生存是讲境界的”①。

对实践存在论美学来说，“人生在世”是对人的生存的基本规定。而人的生存的境界化意味着人的生存从来不是现成的、对象性的，而是不断展开的动态境域或场域。“人就是人的世界”②，而人与其世界的同一并对其世界的自觉就构成了境界。人的生存从来就是世界化的，因此同样可以说，人的生存从来就是境界化的。境界构成了人与世界得以生成的基本境域。这与中国古典美学中境界的人生指向在根底上存在相通之处。

其次，实践存在论美学认为，人生境界在实践活动中得以展开。

在实践存在论美学看来，马克思的“实践”并不仅仅指物质生产活动，而是当下现实的、感性的活动。这种感性活动体现着人类实践的历史成果，具有群体性、历史性的内涵；但同时作为当下现实的、具体的实践，这种感性活动同样体现在个人的层面上，具有个体性的内涵。在“实践”的具体展开过程之中，人（个体的和群体的、当下的和历史的）才得以不断地生成。

因此，实践存在论美学坚持人生实践的理论取向，始终从人的现实

---

① 朱立元：《走向实践存在论美学》，苏州大学出版社 2008 年版，第 317 页。

② 《马克思恩格斯选集》（第一卷），人民出版社 1995 年版，第 1 页。

的实践活动来规定人、理解人。实践不仅使人成为人，更使世界成为世界，也就是说，使人成为真正世界性的存在（Weltlich Sein）。因而，实践的展开过程就是人本身和人的整个世界不断生成和发展的过程，是对人本身不断确证的过程。正是在这一意义上，马克思才说，“工业的历史和工业的已经产生的对象性的存在，是人的本质力量的打开了的书本，是感性地摆在我们面前的、人的心理学”①。因此，实践作为人的基本的存在方式，就超越了传统的主客二分的思维方式，而成为使这主体与客体得以可能的本源和基础。正是在实践活动中，人才拥有了自己全部的世界和历史，并在此基础上以当下的实践不断创造未来。

人的生存是境界化的，而境界化的生存就在实践活动中得以展开。这样，实践存在论美学所理解的境界就不是神秘的、先验的存在，而是在实践活动中、并通过实践活动具体地生成的。由于人生实践呈现在不同的领域、不同的层面，从而人生境界也就显现出多样性和差异性。人生境界的广度和高低，从根本上是由人生实践决定的。

因此，生存、实践、境界三者具有内在的一致性，是对于同一过程的不同言说方式。人的生存本身就是实践性的，而实践性的生存又总是具体呈现为境界化的生存。正是实践赋予了境界概念以生存论的基础，而实践本身所具有的历史与当下、个体与群体、现实与超越相统一的理论内涵也构成了境界概念在全新的视域中的基本规定。

可以看到，实践存在论美学的这一思想契合了中国传统文化中强调人生的实践性、现实性的民族文化心理特征，李泽厚将其概括为“实践（用）理性”，即“它不在理论上去探求讨论、争辩难以解决的哲学课题，并认为不必要去进行这种纯思辨的抽象。重要的是在现实生活中如何妥善地处理它。……在这里，重要的不是言论，不是思辨，而是行动本身”。② 实践概念的包容性使得它可以有效涵摄境界概念中的人生意蕴，并与中国传统的实践（用）理性相结合，体现出中西会通的创

① 马克思：《1844 年经济学—哲学手稿》，刘丕坤译，人民出版社 1979 年版，第 80 页。
② 李泽厚：《中国思想史论》（上），安徽文艺出版社 1999 年版，第 35—36 页。

造性维度。

最后，审美是一种高级的人生境界。

实践存在论美学认为，从根本上来说，审美就存在于人生实践之中，二者具有存在论的相关性。因此，对美的理解始终应以人的实践存在为基本视野，在人的在世生存中（In-der-Welt-Sein）凸显审美的意义。如果说，人的存在总是境界性的生存，那么，审美也必然是境界性的。它不会局限于特定的审美主体，也不会局限于特定的审美对象，而是体现为超越二者、使二者得以可能的“境界”。随着人生实践的不断拓展，这一境界也会不断展开、丰富和提升。沿着这一思路，当代美学可以尝试在存在论的基点上超越传统主客二分的思维模式和认识论的理论框架，突破审美主体与审美对象的二分，重新思考审美的存在方式和美学的学科形态。

因此，美也只有在生存世界之中才能得以生成和显露出来，在实践存在论美学看来，“美是在人与现实的特定关系中生成和存在的；美的存在、美的意义、美的发生和创造，无不处在人的生存世界之中；只有在这个生存世界之中，美之为美才得以绽露、呈现出来。这也就是说，我们的‘生存世界’的层次结构、各个环节、各个要素，以及它们之间适时的统一与绽出，决定着美的生成”[①]。生存世界成为美得以产生的基础。

审美是一种高级的人生境界，也就是说，当人的境界性的生存达到了较高层次的时候，就会体现出审美的意蕴。这种较高层次的生存意味着人能摆脱物质生存的囿限，自觉追求某种超越性的生存意义。这一点也同样构成了中国古典美学的基本精神，即以审美境界为人生的最高境界。[②] 在这一点上，实践存在论美学体现出鲜明的中国特色。它始终强调审美与人生的共通，强调审美的开放性，认为只有植根于生存实践，

① 朱立元：《走向实践存在论美学》，苏州大学出版社 2008 年版，第 73 页。

② 参见李泽厚、刘纲纪《中国美学史》（先秦两汉编），安徽文艺出版社 1999 年版，第 31 页；李泽厚《中国思想史论》（上），安徽文艺出版社 1999 年版，第 314 页。

审美境界才成为可能，也才具有意义。

综上所述，可以看到，中国古典美学中境界概念的基本内涵，如境界的非对象性、界限与超越界限的二重性、审美与人生的会通等均已融汇到了实践存在论美学的理论体系之中，并与马克思主义美学思想相结合，体现出全新的理论意义。这无论是对于当代实践美学的发展，还是对于中国古典美学的研究均具有重要意义。

五　实践存在论美学境界思想的理论价值

实践存在论美学以“境界”作为审美的基本存在方式及最终指向，对传统境界理论进行了创造性的阐释，体现出现代西方存在论思想、马克思主义美学思想与中国古典美学境界论思想的对话与会通，具有重要的理论价值。

首先，实践存在论美学从现代存在论的思想出发理解境界，赋予境界以人生在世的生存论基础，使之具有了存在论的内涵。

实践存在论美学从广义的人生实践的角度理解境界和审美。存在论思想中对于人的生存意义的关注，对于人的源初生存方式的思考，就成为境界概念的基本规定，使之成为对人的存在方式的具体言说；而审美作为高级的人生境界，就不是人所面对的客观对象，不是一种孤立、静止的存在，而是伴随着人生实践不断开拓的、生生不息的存在状态。这种存在状态本身是境界化的。境界由此成为对人生和审美的共同规定。在实践存在论美学的理论体系中，境界概念构成了审美活动得以展开的境域、审美的表现方式及审美的最终指向。通过这一概念，可以有效思考审美得以可能的根据、审美的价值和指向等问题。因此，存在论意义上的境界概念就成为对人的生存的具体言说，也成为一个贯通了审美与人生、构成审美的生存论基础的现代美学概念。由此，境界论视野中的审美也就具有了存在论的现代内涵。

其次，实践存在论美学从广义的实践出发对境界概念的扩充与奠基。

作为实践美学的发展，实践存在论美学始终坚持马克思主义实践概念的核心地位，并试图将这一概念与中国古典美学思想相互融通，在理论对话中赋予这一中国古典美学概念以新的意义。

实践存在论美学认为，实践构成了人的基本的存在方式。作为世界化的活动，实践的具体展开就构成了特定的人生境界。而随着实践水平的不断提升，在超越性的人生境界中就体现出审美的内涵。因此，正是实践概念赋予境界以存在论的基础，并使其内涵获得了进一步的扩充。实践概念由此建立起了境界与人生的内在关联，使得从人生的角度理解审美和从审美的角度看待人生成为可能。

与传统的实践美学的不同在于，实践存在论美学从存在论的视野来理解实践，突破了长期以来把实践规定为物质生产劳动的理论囿限，在广阔的“人生在世”的基础上赋予实践以更为丰富的内涵，使之成为人与世界得以展开的源初境域。境界概念由此也获得了存在论的意义，成为对人生实践所达到的层次和水平的具体描述。实践活动的开放性与境界概念本身的超越性、实践概念的源初性与境界概念的非对象性、实践概念的包容性与境界概念中人生与审美的共通性，均具有理论上的契合点。植根于“人生在世”的实践活动，境界概念在内涵和基础方面就获得了进一步的扩充与奠基，具有了更为广阔的理论空间和更加有效的阐释力度。

最后，实践存在论美学境界概念中关于人生与审美会通的思想，体现出对现代人生存境况的关注和思考及对当代美学发展趋向的理解与把握，为我们重建中国古典美学思想与现代生存体验的相关性提供了某种借鉴。

实践存在论美学立足于一元化的存在论的实践活动，把审美与人的生活、人的现实的存在联系起来，突破了审美与人生各自的囿限，以境界概念沟通二者，凸显出人生的审美指向。这样就在审美与人生的共通性中来理解境界，从而赋予了传统境界概念以全新的、更为丰富的内涵。更加重要的在于，这一思想可以面对当代美学发展所出现的问题，有效涵纳当代西方思想资源，体现出极为开放的理论视野。

当代美学发展的一个重要趋势就是审美不断突破既有的学科界限，

向着更为广阔的生活领域不断扩展。如何面对并思考这一现象，是当代美学研究无法回避的重要课题。近年来，学界关于“日常生活的审美化”、关于消费文化的讨论都与这一论域有关。境界概念所蕴含的人生与审美的共通性使之可以进入这一现代论域，有效思考和阐释当代美学的发展。

另一方面，后现代思想对生存美学高度关注，力图消除审美与生存之间的隔阂，提出了一些值得重视的理论观点。这一思想从尼采开其端倪。在《悲剧的诞生》中，尼采明确指出，“艺术是生命的最高使命和生命本来的形而上活动”，因此，“只有作为一种审美现象，人生和世界才显得是有充足理由的”。[①] 20 世纪，福柯通过对古希腊人生活的考察，提出了生存艺术的设想，认为“从自我不是被给予的这个观念出发，我认为，只存在着一种实践后果：我们必须把我们自己创造成为一件艺术品”[②]。试图在短暂的人生之中不断探索生存的无限的可能性。这些思想对于当代美学研究均具有重要意义。今天，通过存在论意义上的境界概念，可以在马克思主义的基础上与其展开对话与交流，不断拓展实践存在论美学的理论论域和话语阐释空间。

通过对境界概念的重新思考与阐释，实践存在论美学尝试运用这一概念来描述当下的审美体验，思考当代的美学问题，从而建立起古典美学思想与现代生存体验和生活世界之间的相关性，体现出重要的方法论价值。

第二节 《关雎》的存在论内涵与礼乐精神

《诗经》是孔门诗教的基本文本，所谓“不学诗，无以言”。作为孔子删诗后的成果，《关雎》经过孔子的编订或确认，被置于《诗经》

① ［德］尼采：《悲剧的诞生——尼采美学文选》，周国平译，上海人民出版社 2009 年版，第 88、181 页。

② 转引自路易丝·麦克尼《福柯》，贾湜译，黑龙江人民出版社 1999 年版，第 164 页。

的首篇，历来受到人们的重视。但事实上，《关雎》的重要性并不仅仅来自于它所占据的这个独特的位置，更加重要的在于，《关雎》以诗歌的形式折射出了儒家审美精神的重要特质，体现出孔门诗教的某些重要内涵，这种特质反映出儒家思想传统对于诗、审美与政治、社会之间关系的思考，展现出中国传统思想实践性的内涵。对此，孔子有着经典性的评价："乐而不淫，哀而不伤"（《论语·八佾》），这几乎可以代表了整个孔门诗教"温柔敦厚"的美学追求。这既是对《关雎》的评价，也是整个儒学的审美追求，即所谓"中庸""过犹不及"。它以自己的方式展示出儒家思想的诗性追求和审美精神，并以自己的方式触及到了整个儒学的内在精神和理论核心。这样，作为《诗经》的开篇，《关雎》对整部《诗经》就具有了某种奠基性的意义。

孔子说，"兴于诗、立于礼、成于乐"（《论语·泰伯》）。在儒家思想看来，诗本来就渗透了礼乐精神。考虑到《诗经》中的诗本来就是入乐的，可以说，孔门诗教就是乐教；而"孔子言仁常兼言知，言礼常兼言乐，言诗又常兼言礼"。[①] 因此，诗、礼、乐三者在儒家思想传统中从来就具有十分密切的关系。基于这一考虑，本节尝试以《关雎》这一文本为切入点，在总结和阐发前人对这一经典文本的解读的基础上，从现代存在论的视野探察这一传统文本的理论潜力及其中所蕴含的儒家诗教的礼乐精神。

一 诗意境域的开启

关关雎鸠，在河之洲，窈窕淑女，君子好逑。
参差荇菜，左右流之，窈窕淑女，寤寐求之。
求之不得，寤寐思服，悠哉悠哉，辗转反侧。
参差荇菜，左右采之，窈窕淑女，琴瑟友之。
参差荇菜，左右芼之，窈窕淑女，钟鼓乐之。

① 钱穆：《论语新解》，巴蜀书社1985年版，第69页。

《关雎》一诗共三章，首章四句，二、三章各八句。

首章起兴，雎鸠的鸣叫开启了全诗。雎鸠的鸣叫本于自然，源于天性，以此起兴，的确反映出诗之所以可能的基础，即所谓“人禀七情，应物斯感；感物吟志，莫非自然”①。作为“起兴”，这里值得注意的倒是，雎鸠在全诗中仅只在篇首出现了一次，难道作为起兴真的只是“先言他物以引起所咏之词也”②？难道雎鸠仅仅只是为了引起全诗的一个开端？

“兴”是中国古典美学的重要概念，但其内涵却充满了不确定性。在对“兴”这一概念的不同涵义的梳理中，大致可以区分出三种基本含义，即“起”，“隐喻、美刺”和“纯美学意义上的情感的兴发和兴发的情感”。③ 其中“隐喻、美刺”的涵义主要来自于汉代经学家的阐释，而第一、三种涵义则共同强调了兴作为开端、生成的意义。

应当说，以“开端”来释“兴”固然是注意到了兴在诗歌的形式、功能上的特点，但仍未免皮相。比较起来，倒是钟嵘的解释“文已尽而意有余”④ 似乎更加符合实际，因为这一观点注意到了兴对于诗歌整体性的审美意蕴生成的意义。与此相近，日本学者松本雅明以气氛来释兴，“兴本来不外乎是在主文之前的气氛象征。它是……直观性的、即兴性的、并且不外乎朴素自然的表现法”⑤。此说颇能传神，但它仍把兴局限在所谓“主文之前”，则未免过于拘泥。事实上，兴的意义并不仅仅体现在“开端”“起始”的意义上，而是贯穿全诗、言说着诗之为诗的根本特质。正是在这个意义上，王夫之认为，“‘诗言志，歌永言。’非志即为诗，言即为歌，或可以兴，或不可以兴，其枢机在

---

① 杨明照：《增订文心雕龙校注》，中华书局 2000 年版，第 64 页。

② （宋）朱熹：《诗集传》，中华书局 1958 年版，第 1 页。

③ 彭锋：《诗可以兴——古代宗教、伦理、哲学与艺术的美学阐释》，安徽教育出版社 2003 年版，第 26—30 页。

④ （南朝梁）钟嵘：《诗品·序》。

⑤ 叶舒宪：《原型与跨文化阐释》，暨南大学出版社 2002 年版，第 307 页。

此"[①]。可以说，兴的意义在于营造出某种整体性的诗性氛围，开启出一个诗性的空间。因此，雎鸠在全诗中的出现虽然仅此一次，几乎只是在全诗开头闪现了一下，就再也不见踪迹；但全诗却又似乎始终笼罩在雎鸠的飞舞和鸣叫之中。毋宁说，雎鸠在全诗起始略一闪现，即飞舞而去，化成了全诗得以展开的诗意背景，它们关关的鸣叫声似乎始终回荡在这首诗之中，渲染出一种欢乐的气氛。只不过我们后来会发现，雎鸠的鸣叫中已经融入了更多的东西。

雎鸠的鸣叫引出了空间性的存在——"在河之洲"。《毛传》解"洲"作"水中可居者"，即水中高地，为一相对独立的可居之所。作为水中高地，"洲"是一个相对封闭的地方，而这种封闭同时又是向着天地四时开放的；它是开放的，但同时又是不可通达的；它是不可通达的，但又是在我们近旁的——我们可以听到其上雎鸠"关关"的鸣叫声。那个河心的小岛，向着天地四时开放，似乎就处于我们的近旁，但却是不可进入、不可触及的，它始终保有着自己固有的神秘。它吸引着我们，但又拒斥着我们。从这一小块土地上传来的鸣叫声，进入了我们的生活，影响着我们的生活，它的遥远和切近，使它和我们保持着某种适当的距离。尽管和鸣叫的雎鸠一样，在后义中它不再直接出现，但却以不在场的方式参与着整个诗意空间的建构，构成了全诗——这个诗意的世界——得以可能的条件。

那个湖心的小岛，那种自然的声音，始终萦绕在我们心头，作为此岸生活的比照，展示着那个理想化的"诗意"境域。

首章中还出现了"君子"。在儒家思想中，君子代表着理想性的人格。"兴于诗、立于礼、成于乐"，诗、礼、乐三者有着共同的指向，它们都是和君子人格的塑造联系在一起的。其中，诗，构成了君子塑造的起点，"不学《诗》，无以言"，"人而不为《周南》、《召南》，其犹正墙面而立也与！""小子何莫学夫诗"，等等。同样需要注意，在诗的后面，君子也并不直接出现。但是，全诗又似乎始终是和君子联系在一

① （明）王夫之：《船山全书》（第十四册），岳麓书社 1998 年版，第 897 页。

起的，正如后来的一系列动作，“求”“思”“友”“乐”等均以各种方式与君子相关。可以说，在全诗中君子始终处于隐在的在场。而且，我们马上会看到，这种理想化的人格也最终成为全诗得以可能的基本条件，构成了整首诗的根据或理由（根源）——正是“君子好逑”才使得“窈窕淑女”成为值得追求的。不但雎鸠是对全诗的起兴，君子也是对淑女的起兴，君子成为全诗的意义指向。因为正是在君子的身上，集中体现出儒家诗教的礼乐内涵。

君子是和“窈窕淑女”联系在一起的。

关于“窈窕”，《说文》解释“窈，深远也”，“窕，深肆极也”，《毛传》解“窈窕”为“幽闲也”，用以指女子的幽闲贞专。可以说这些解释描述的都是一种内敛沉静的品质。而且，在全诗之中，“窈窕淑女”的确始终处于追求的彼岸，她似乎永远是沉默的、不可触及的，始终处在第三人称的“之”的位置。“之”既是一个对象，也是一个动作：“往”，因此，通向“窈窕淑女”的道路似乎永远没有尽头，始终是“往”，始终“在路上”。

诗中不断重复呼唤着：“窈窕淑女”“窈窕淑女”……“窈窕淑女”的彼岸性使她从根本上就拒绝一切具体描述的可能。对于她，恐怕我们只能说：“君子好逑”——以作为理想化的君子人格的匹配来进行说明。这实际上是无法言说的言说。这种无法言说的境况，使得我们只能在诗中一遍又一遍的呼唤她、重复她：“窈窕淑女”“窈窕淑女”……

因此，在首章，雎鸠所唤起的，是一种自然的感情，它是平和而沉静的。“天何言哉，四时行焉，百物生焉，天何言哉!”（《论语·阳货》）雎鸠的鸣叫正如天地四时的运行，在孔子那里，这些都是自然而然的。在这种由禽声所渲染的自然氛围中，窈窕淑女出现了，她是君子的佳偶。对于她，我们只能如此描述，以君子的人格作为对她的描述。这是一种类比式的描述，一种无法描述的描述。

二　钟鼓之音与社会伦理

第二章的风格有了很大转变。自然的感情突然之间转变成了一种由内而外的情欲。情感的转折在这里变得十分突出。在马王堆帛书《五行篇》中这样表述："'窈窕淑女，寤寐求之'，思色也。'求之不得，寤寐思伏'言其急也。'悠哉悠哉，辗转反侧'言其甚急也。"[①] 这种"思色"的"急""甚急"，使得这一章着力勾画出一个"求"的意向，第一章的平和在这里已经转化为激烈和焦灼。这里的"求"是充满主动性和定向性的动作，这是一种功利化、实用性的、目的性十分明确的举动。正如作为对它的起兴的"参差荇菜，左右流之"，王先谦释"流"兼"求"与"择"两义，[②] 而两义均体现出一种主动性。前一章自然而然的感发和鸣叫，在这里已经转化为人的激烈的情欲，这种情欲的参与打破了日常生活的节奏，"寤寐求之""辗转反侧"，和上一章形成了鲜明对比。在儒家思想看来，这种情欲暗含着某种危险性，它的过度和极端会破坏平和中庸、温柔敦厚的审美理想。过度，即所谓"淫"，它是和君子所始终执守的"中"相对的。所以孔子才会感叹，"中庸之为德也，其至矣乎！民鲜久矣"（《论语·雍也》）；"吾有知乎哉？无知也。有鄙夫问于我，空空如也。我扣其两端而竭焉"（《论语·子罕》）。

"求"既可以是某种温和的请求，也可以是充满力量的追求。在这一章中，"求"的意义无疑属于后者。它是自我中心的、单向的，在这种行为中，它并不顾及"求之所求"的精神和心理状态，实际上已经偏离或者放弃了求之所以为求的内在基础，即精神上的感应和激发，即第一章中作为诗之根本特质的"兴"。这时，那个河心小岛又重新进入了我们的视野，那种相和相鸣的自然状态，那种温煦祥和的精神追求，让我们在"兴"之中看到了求之所以为求的内在基础。"窈窕淑女"之所以是"君子好逑"，也就在这个"兴"，即二者的精神、人格的相应相和之中。因此，对于淑女的追求不能采取外在性的"求"的方式，

---

① 可参见王安国（Jeffrey Riegel）《情爱、内向性与早期〈诗经〉诠释》，载中国思想论坛，http://www.zhongguosixiang.com/thread-11764-1-1.html。

② 王先谦：《诗三家义集疏》，中华书局1987年版，第12页。

而必须采取君子式的方式——“兴”的方式。

第三章给我们展示的正是这种“兴”的方式。

朱熹也注意到了二、三章的差异，认为第二章是“本其未得而言”，第三章是“据今始得而言”。[①] 我们认为，这样的解释未免失之片面，因为如此我们就无法解释“参差荇菜”的“流”“采”“芼”的对应性。实际上，二章、三章的区别并不在于时间上的区分（“未得”与“始得”），而在于两种行为方式的差异。这一差异是根本性的，正是在这一差异中，体现出儒家诗教独特的美学追求。

对作为君子的佳偶的淑女，这里不再是单向的“求”，而是双向的“友”“乐”。《说文》释“友”作“同志为友”，指的是志向上的相投和精神上的相互感发、激励，即所谓“兴”。“友”之状态须以“琴瑟”来呈现，所谓“琴瑟友之”，而琴瑟乃君子之器，可以传达君子的人格特质和精神追求。这里，我们注意到《论语》中那篇非常著名的《子路、曾晳、冉有、公西华侍坐章》。在这篇“各言其志”的对话中，曾点在之前的对话过程中始终在“鼓瑟”，待问到他时，才“鼓瑟希，铿尔，舍瑟而作”，并说出了那段被朱熹认为充满了圣人气象的“暮春者，春服既成，冠者五六人，童子六七人……”。应当说，曾点的圣人气象并不仅仅体现在那段话之中，还在于他鼓瑟的行为之中。[②] 琴瑟是充满人文性、精神性的器具，它唤起和指向的是精神上的感应和激发，是君子式的“和而不同”。因此，在这篇“言志”的对话中，曾点的鼓瑟本身就已经是一种回答——“诗言志”，“乐”同样可以“言志”。

如果说琴瑟带有更多的个人化的色彩，如《诗·小雅·常棣》中“妻子好合，如鼓琴瑟”。那么，钟鼓则带有更多的社会性和伦理性的内涵。所以，朱熹认为，琴瑟是“乐之小者也”，而钟鼓是“乐之大者也”。[③] 钟鼓是所谓礼器，钟鼓之音是所谓礼乐，正如王国维所说，“钟

① （宋）朱熹：《诗集传》，中华书局 1958 年版，第 2 页。

② 可参见柯小刚《春天的心志》，载柯小刚《在兹：错位中的天命发生》，上海书店出版社 2007 年版。

③ （宋）朱熹：《诗集传》，中华书局 1958 年版，第 2 页。

鼓者，天子诸侯备用之，大夫士，鼓而已”[①]。因此，由钟鼓所规范的“乐”不能是极端的、激烈的，而应当是平和的、稳重的。或许，对于那个遥远的、不可触及的、君子式的“窈窕淑女”，只有采取这种感发的方式，才可能形成彼此之间的交流。

“琴瑟”“钟鼓”都是所谓“兴”的方式，在这种方式中，我们看到，源于自然、并被放大的情欲最终在礼乐之中找到了自己的位置。可以说整首诗到第三章君子人格才最终生成。“君子以钟鼓道志，以琴瑟乐心”（《荀子·乐论》），君子能够自觉地以礼乐来规范自己，在礼乐之中呈现自己。所以《毛传》才解释说，“德盛者宜有钟鼓之乐”。这里，君子虽未直接出现，却通过“琴瑟”“钟鼓”象征性地得以呈现。我们看到，在首章，君子构成了全诗的起点，而这时，他又成为全诗的终点。因此，整首诗给我们呈现的就是君子与诗、礼、乐之间的密切关联。让我们重新来思考孔子所说“兴于诗、立于礼、成于乐”，或许，三者并不是时间上的先后关系。对于君子来说，“兴于诗”时由诗所唤起的感发的精神力量就渗透在礼乐之中，离开了以“仁”为精神特质的君子的存在，礼乐就变得毫无意义，成为完全外在性的空洞形式，所谓“人而不仁，如礼何？人而不仁，如乐何”（《论语·八佾》），“礼云礼云，玉帛云乎哉？乐云乐云，钟鼓云乎哉”（《论语·阳货》）。礼乐以钟鼓呈现，但并不止于钟鼓，重要的是它所包含的内在感兴的力量。因此，“兴于诗”“立于礼”“成于乐”三者实际上是一体呈现的。

在《关雎》第三章中，我们看到，自然的情欲追求转化为个人性的琴瑟相和，并最终呈现为社会伦理性的钟鼓之音，也许，这才最终体现了儒家诗教的礼乐追求：通过诗的感发最终营造和建构一个温柔敦厚、礼乐和谐的伦理社会。因此，钱穆认为，“毋宁孔子之于诗，重视其对于私人道德心性之修养，乃更重于其在政治上之实际使用。……凡

① 王国维：《观堂集林（附别集）：第一册》，中华书局1959年版，第101页。

孔门论诗要旨，毕具于此矣”①。又说，“窃谓诗三百之善用比兴，正见中国古人性情之温柔敦厚。凡后人所谓万物一体、天人相应、民胞物与诸观念，为儒家所郑重阐发者，其实在古诗人之比兴中，早已透露其端倪矣”②。可谓得之。

三 诗教与中国传统礼乐精神

通过以上的分析可以看出，《关雎》从自然的关关之声始，以人文的钟鼓之乐终，在诗的进展中，自然的关关声终于转化成了人文的钟鼓声，或者说，礼乐将一开始以自然感发为基础的诗意空间转化为以礼乐为精神指向的人文世界，由此自然性的感发才会延伸为个人性的琴瑟相和并最终转化为伦理性的钟鼓之音。正是在这样的人文世界之中，才会有君子人格的生成，诗也才真正体现出所谓“诗教”的内涵。因此，在由礼乐精神所融贯的诗教之中，《关雎》的具体展开过程实际上就是礼乐的呈现过程，礼乐内在地规定着《关雎》的言说方式和情感状态，使之符合于儒家的审美理想（“乐而不淫，哀而不伤”）。这象征性地体现出儒家诗（乐、礼）教的内在力量，从中展现出儒家诗教与礼乐的内在关联。

在儒家思想传统之中，礼乐从来就具有超出自身的伦理和社会指向。因此，“制礼作乐”总是和某种社会政治秩序联系在一起。在这样的思想背景之中，诗必然承担着教化和规训的功能，具有特定的社会指向性，即所谓“诗教”。可以说，礼乐构成了儒家诗教的内在价值支撑和精神特质。我们看到，诗的言说方式建构起一个诗意的空间，这一空间以自然情性为基础，以感发的形式具体呈现出来。但在儒家思想看来，这种自然性的情性表达并不必然具有伦理性的意义，相反，还会有走向过度和极端（“淫”）的危险性，破坏“中和为美”的情性状态和社会政治秩序。因此，以自然情性为基础的诗意空间必须受到礼乐精神

① 钱穆:《中国学术思想史论丛》（一），东大图书有限公司 1976 年版，第 137 页。
② 同上书，第 142 页。

的灌注，从而使诗的言说和具体展开本身就成为礼乐的具体呈现，使诗的言说方式成为礼乐呈现的具体形式。但同时，礼乐不应当外在于诗、作为诗的外部规定性，而是要渗透在诗的整体性的诗意空间之中，内在地规定着诗的情感状态和指向，使之符合儒家的审美理想。这可以说代表了整个儒家美学的精神追求和价值指向。在这一意义上，《关雎》对于整部《诗经》、乃至整个儒家美学，都具有某种标志性的意义。

最后，作为对本论题的补充，我们尝试通过对《论语·八佾》中一章的解读，在更为具体的层面上呈现由《关雎》所折射出的儒家诗教与礼乐的内在关联。

> 子夏问曰："'巧笑倩兮，美目盼兮，素以为绚兮。'何谓也?"子曰："绘事后素。"曰："礼后乎?"子曰："起予者商也！始可与言《诗》已矣。"

这是孔子和门弟子关于诗的一段对话。子夏询问对一段诗句的理解：女子"巧笑倩兮，美目盼兮"，那种明艳自如、生动活泼的情态却为什么要"素以为绚"？这里似乎存在着某种矛盾或不协调。孔子的回答十分简单，"绘事后素"。这一回答当然暗有深意，而且子夏立即就明白了，并直接说出了夫子的潜台词。这意味着子夏和孔子实际上有着共同的阐释视域，即那个潜在的"礼"。在孔子看来，只有在这一视域中，"始可与言《诗》已矣"。刘宝楠对此的解释十分准确，"子夏疑'素以为绚'，夫子以后素惟绘事为然，故举以示之，子夏遂因素而悟礼"[①]。需要注意的是，"巧笑倩兮，美目盼兮"的情态是充满诱惑性的，就如同我们上文中阐释的《关雎》之中的情欲，虽然源于自然天性，但却存在着某种潜在的危险性。因此必须以"素"来渲染和中和。在这个意义上，诗也同样需要"礼"的必要地规范和节制。《论语》中这段对话以对诗的发问开始，进而将诗的阐释指向了礼，并最终又回到

---

① （清）刘宝楠：《论语正义》，中华书局1990年版，第90页。

了诗本身。在这一返回中，我们看到，只有以礼相发明，乃可言诗。也就是说，礼成为了进一步阐释诗的内在视域。

“盖《诗》即乐章，而乐随礼以行，礼立而后乐可用也。”① 诗兼礼乐，礼以言诗。《论语》以生动的实例使我们看到了儒家诗教的具体呈现，看到了《关雎》中所言说的审美精神的延续和拓展。那种关关的鸣叫声，那种琴瑟相和与钟鼓之音，似乎不断地溢出《关雎》本身，弥散和扩展开来，渲染出儒家美学的整体性的诗意阐释空间。

① （清）刘宝楠：《论语正义》，中华书局 1990 年版，第 298 页。

后　　记

回想起来，自己还是在复旦大学跟随朱立元老师读书的时候开始接触到了实践存在论美学。那时，朱老师主张的突破主客二分的二元论思维方式、从现成论走向生成论等思想给我留下了深刻印象，也深深影响了我的学术研究之路。毕业后，对实践存在论美学也断断续续有一些思考，在理解上也逐渐有了深化和提高。目前的这本书，就是这些年来自己对实践存在论美学思考的成果。

正如朱立元老师一直讲的，实践存在论美学仍然“在路上”。我想，目前实践存在论美学的研究主要包含如下几方面的内容，一方面是奠基性的工作，即如何从马克思的存在论思想出发为实践存在论美学奠定坚实的理论基础。这方面的工作从实践存在论美学提出伊始朱立元老师就一直努力在做，经过多年的努力，已经取得了非常重要的、令人信服的理论成果，这些都体现在朱老师的一系列文章和著作之中。另一方面是建构性工作，即对实践存在论美学体系的建构、完善及相关理论问题的细化研究。朱老师在他主编的《美学》教材中已经建构起了一个相对完整的美学体系，近年来又和国内其他一些学者一起对实践存在论美学体系做了进一步的完善并就一些具体问题展开了专门性的研究。最后一方面是拓展性的工作，即作为一种美学思想，实践存在论美学如何面对美学史和当下的美学问题，并给予具有说服力的解释。笔者在对实践存在论美学的学习和思考过程中深深体会到了学术创新的艰辛与不易，因此本书并不奢求对实践存在论美学在以上三个方面进行系统研究，而是尝试结合自己的理论兴趣，提供一种个人化的思考路径。如果能够在某个具体方面、某些具体问题上有些许推进，那也就得其所愿、体现出本书的价值了。

关于实践存在论美学，似乎自己该说的、能说的都在书中说了，但似乎又有很多话仍未说出。对于一位作者来说，当他在书稿即将出版的时候才发现思考其实远未结束，甚至新的思考已经开始，会是一种怎样的体验呢？文字结束的地方，思考才刚刚开始。对于作者来说，或许任何一本书都是遗憾的，都无法涵盖和表达内心思想的最新进展。因此，现在面对这本书，内心感到的不是完成的喜悦，更多的倒是回望昔时自己的忐忑与不安，当然这或许也多少印证着自己在一步步走向成熟。无论如何，这本书都给我提供了一个契机，能够得以稍作停顿，重新审视自己，思考自己、发现自己。在这个意义上，它既是我对自己过往思想的总结，也是重新整理思想、探索未来理论研究方向的新的开始。

一本书的产生需要很多机缘，也凝结了许多不同方面的心血和努力。首先需要感谢我的博士导师朱立元老师。朱老师深厚的学术素养、开阔的学术视野、对学问的不懈追求一直是我学习的榜样，他所提出的实践存在论美学更是直接为本书提供了具体的研究对象，使我得以从这里出发，思考中国当代美学的发展、其中所包含的理论问题及未来可能的发展路径，并从中获益良多。另外，朱老师谦逊的态度、谦和的为人、一直以来对我成长的关心每每让我如沐春风，感受到学术中的惬意与温情。

还要感谢我的硕士导师李西建老师。李老师为人谦和，不仅为我打开了学术的门径，引领我走上学术研究的道路，多年来更是一直在工作上、生活上给予我指点和帮助。可以说，我在工作中的点滴进步都包含着李老师的鼓励与支持。

感谢陕西师范大学文学院领导能够将本书纳入学院学术计划，资助出版；感谢文学院，尤其是文艺理论教研室诸位同事长期以来的垂范濡染，温情厚谊；感谢中国社会科学出版社将本书纳入出版计划，感谢本书责任编辑张潜老师的辛勤工作，使之得以顺利出版。

最后，感谢我的父母，我的家人，是你们一直给我前进的力量，在我人生中的每一个重要时刻，伴我成长，促我前行。

刘　凯

2020 年 7 月 2 日